BEI GRIN MACHT SICI WISSEN BEZAHLT

WISSEN BEZAHLT

- Wir veröffentlichen Ihre Hausarbeit,
  Bachelor- und Masterarbeit

- Ihr eigenes eBook und Buch -
  weltweit in allen wichtigen Shops

- Verdienen Sie an jedem Verkauf

Jetzt bei www.GRIN.com hochladen
und kostenlos publizieren

Anna Krueger

Critical Legal Studies?

Zur postmodernen (dekonstruktivistischen) Sichtweise von Martti Koskenniemi, David Kennedy u.a.

GRIN Verlag

Bibliografische Information der Deutschen Nationalbibliothek:

Die Deutsche Bibliothek verzeichnet diese Publikation in der Deutschen National-
bibliografie; detaillierte bibliografische Daten sind im Internet über http://dnb.d-
nb.de/ abrufbar.

Impressum:

Copyright © 2009 GRIN Verlag GmbH
Druck und Bindung: Books on Demand GmbH, Norderstedt Germany
ISBN: 978-3-656-26004-2

Dieses Buch bei GRIN:

http://www.grin.com/de/e-book/199446/critical-legal-studies

GRIN - Your knowledge has value

Der GRIN Verlag publiziert seit 1998 wissenschaftliche Arbeiten von Studenten, Hochschullehrern und anderen Akademikern als eBook und gedrucktes Buch. Die Verlagswebsite www.grin.com ist die ideale Plattform zur Veröffentlichung von Hausarbeiten, Abschlussarbeiten, wissenschaftlichen Aufsätzen, Dissertationen und Fachbüchern.

Besuchen Sie uns im Internet:

http://www.grin.com/

http://www.facebook.com/grincom

http://www.twitter.com/grin_com

„Critical Legal Studies"? Zur „postmodernen" (dekonstruierenden) völkerrechtswissenschaftlichen Sichtweise von David Kennedy, Martti Koskenniemi u.a.

Häusliche Arbeit im Schwerpunktbereich Internationales Öffentliches Recht

Sommersemester 2009

Anna Krueger

A. Bücher, Zeitschriften und Jahrbücher

BÜCHER

BYERS, MICHAEL (Hrsg.)	*The Role of Law in International Politics. Essays in International Relations and International Law* (Oxford University Press, 2000) Zitiert als VERFASSER, *Titel,* in MICHAEL BYERS (Hrsg.), *The Role of Law in International Politics. Essays in International Relations and International Law*
CARTY, ANTHONY	*The Decay of International Law? A Reappraisal of the Limits of Legal Imagination of International Affairs* (Manchester University Press, 1986) Zitiert als CARTY, *The Decay of International Law? A Reappraisal of the Limits of Legal Imagination of International Affairs*
CHARLESWORTH, HILARY CHINKIN, CHRISTINE	*The Boundaries of International Law. A Feminist Analysis* (Manchester University Press, 2000) Zitiert als CHARLESWORTH/CHINKIN, *The Boundaries of International Law. A Feminist Analysis*
D'AMATO, ANTHONY	*What "Counts" as Law?* In ONUF, NICHOLAS GREENWOOD (Hrsg.) *Law-Making in the Global Community* (Carolina Academic Press Durham, 1982) Zitiert als D'AMATO, *What "Counts" as Law?,* in ONUF, *Law-Making in the Global Community* S.83

DERRIDA, JACQUES	*Of Grammatology* (Johns Hopkins University Press Baltimore-London, 1976) Zitiert als DERRIDA, *Of Grammatology*
DERRIDA, JACQUES	*Writing and Difference* (University of Chicago Press, 1980) Zitiert als DERRIDA, *Writing and Difference*
DERRIDA, JACQUES	*Positions* (University of Chicago Press, 2. Auflage 1982) Zitiert als DERRIDA, *Positions*
DOEHRING, KARL	*Völkerrecht* (C. F. Müller Heidelberg, 2. Auflage 2004) Zitiert als DOEHRING, *Völkerrecht*
DWORKIN, RONALD	*Taking Rights Seriously* (Harvard University Press, 1977) Zitiert als DWORKIN, *Taking Rights Seriously*
DWORKIN, RONALD	*Law's Empire* (Harvard University Press, 1986) Zitiert als DWORING, *Law's Empire*
EVANS, MALCOLM D. (Hrsg.)	*International Law* (Oxford University Press, 1. Auflage 2003) Zitiert als VERFASSER, *Titel*, in EVANS (Hrsg.), *International Law*
HIGGINS, ROSALYN	*Problems and Process. International Law and How We Use It* (Clarendon Press Oxford, 1994) Zitiert als HIGGINS, *Problems and Process. International Law and How We Use It*
IPSEN, KNUT	*Völkerrecht* (C. H. Beck München, 5. Auflage 2004) Zitiert als IPSEN, *Völkerrecht*

KELMAN, MARK	*A Guide to Critical Legal Studies* (Harvard University Press, 1987) Zitiert als KELMAN, *A Guide to Critical Legal Studies*
KENNEDY, DAVID	*International Legal Structures* (Nomos Baden-Baden, 1987) Zitiert als KENNEDY, *International Legal Structures*
KENNEDY, DAVID	*The Dark Sides of Virtue. Reassessing International Humanitarianism* (Princeton University Press, 2004) Zitiert als KENNEDY, *The Dark Sides of Virtue. Reassessing International Humanitarianism*
KOSKENNIEMI, MARTTI	*The Gentle Civilizer of Nations: The Rise and Fall of International Law 1870-1960* (Cambridge University Press, 2001) Zitiert als KOSKENNIEMI, *The Gentle Civilizer of Nations: The Rise and Fall of International Law 1870-1960*
KOSKENNIEMI, MARTTI	*What is International Law for?* In EVANS, MALCOLM D. (Hrsg.) *International Law* (Oxford University Press, 1. Auflage 2003) Zitiert als KOSKENNIEMI, *What is International Law for?*, in EVANS (Hrsg.), *International Law*
KOSKENNIEMI, MARTTI	*From Apology to Utopia: The Structure of International Legal Argument Reissue with New Epilogue* (Cambridge University Press, 2005) Zitiert als KOSKENNIEMI, *From Apology to Utopia: The Structure of International Legal Argument*

KRATOCHWIL, FRIEDRICH V.	*How do Norms Matter?,* In MICHAEL BYERS (Hrsg.) *The Role of Law in International Politics.* *Essays in International Relations and* *International Law* (Oxford University Press, 2000) Zitiert als KRATOCHWIL, *How do Norms* *Matter?,* in MICHAEL BYERS (Hrsg.) *The Role of Law in International Politics.* *Essays in International Relations and* *International Law*
MACINTYRE, ALASDAIR	*After Virtue* (University of Notre Dame Press Indiana, 1. Auflage 1981) Zitiert als MACINTYRE, *After Virtue*
ONUF, NICHOLAS GREENWOOD (Hrsg.)	*Law-Making in the Global Community* (Carolina Academic Press Durham, 1982) Zitiert als VERFASSER, *Titel,* in ONUF (Hrsg.), *Law-Making in the Global Community*
ONUF, NICHOLAS GREENWOOD	*Global Law-Making and Legal Thought* In ONUF, NICHOLAS GREENWOOD (Hrsg.) *Law-Making in the Global Community* (Carolina Academic Press Durham, 1982) Zitiert als ONUF, *Global Law-Making and* *Legal Thought,* in ONUF, *Law-Making in the* *Global Community*
PAULUS, ANDREAS	*Die internationale Gemeinschaft im* *Völkerrecht. Eine Untersuchung zur* *Entwicklung des Völkerrechts im Zeitalter der* *Globalisierung* (Beck Verlag München, 2001) Zitiert als PAULUS, *Die internationale* *Gemeinschaft im Völkerrecht. Eine* *Untersuchung zur Entwicklung des* *Völkerrechts im Zeitalter der Globalisierung*
PETERS, ANNE	*Völkerrecht: Allgemeiner Teil* (Schulthess Zürich/Basel/Genf, 2. Auflage 2008) Zitiert als *Völkerrecht: Allgemeiner Teil*

SCHMITZ, HEINZ-GERD	*Philosophische Probleme internationaler Politik und transnationalen Rechts* (Duncker & Humbolt Berlin, 2008) Zitiert als SCHMITZ, *Philosophische Probleme internationaler Politik und transnationalen Rechts*
SHAW, MALCOLM N.	*International Law* (Cambridge University Press, 6. Auflage 2008) Zitiert als SHAW, *International Law*
UNGER, ROBERTO MANGABEIRA	*Knowledge and Politics* (The Free Press New York, 1975) Zitier als UNGER, *Knowledge and Politics*
UNGER, ROBERTO MANGABEIRA	*The Critical Legal Studies Movement* (Harvard University Press, 1986) Zitiert als UNGER, *The Critical Legal Studies Movement*
GRAF VITZTHUM, WOLFGANG (Hrsg.)	*Völkerrecht* (De Gruyter Recht Berlin, 4. Auflage 2007) Zitiert als VERFASSER, in VITZTHUM (Hrsg.), *Völkerrecht*
GRAF VITZTHUM, WOLFGANG	In VITZTHUM (Hrsg.), *Völkerrecht* (De Gruyter Recht Berlin, 4. Auflage 2007) Zitiert als VITZTHUM, in VITZTHUM (Hrsg.), *Völkerrecht*
JAHRBÜCHER UND ZEITSCHRFITEN	
BECKETT, JASON A.	*Behind Relative Normativity: Rules and Process as Prerequisites of Law* 12 European Journal of International Law S.643 (2001) Zitiert als BECKETT, *Behind Relative Normativity: Rules and Process as Prerequisites of Law*, 12 E.J.I.L. S.643

VII

BEDERMAN, DAVID J.	*Book Review: From Apology to Utopia* 23 New York Journal of International Law and Politics S.217 (1990) Zitiert als BEDERMAN, *Book Review: From* *Apology to Utopia*, 23 New York Journal of International Law and Politics S.217
VON BERNSTORFF, JOCHEN	*Sisyphus was an International Lawyer. On* *Martti Koskenniemi's "From Apology to* *Utopia" and the Place of Law in International* *Politics* 7 German Law Journal S.1015 (2006) Zitiert als VON BERNSTORFF, *Sisyphus was an* *International Lawyer. On Martti* *Koskenniemi's "From Apology to Utopia"* *and the Place of Law in International Politics,* 7 German L.J. S.1015
BILDER, RICHARD B. SIMPSON, A. W. BRIAN	*Recent Book Reviews in International Law* *Koskenniemi, Martti. The Gentle Civilizer of* *Nations: The Rise and Fall of International* *Law 1870-1960* 96 American Journal of International Law S.995 Zitiert als BILDER/SIMPSON, *Koskenniemi,* *Martti. The Gentle Civilizer of Nations: The* *Rise and Fall of International Law 1870-1960* *(Book Review)*, 96 A.J.I.L. S.995
BOYLE, JAMES	*Ideals and Things: International Legal* *Scholarship and the Prison House of* *Language* 26 Harvard International Law Journal S.327 (1985) Zitiert als BOYLE, *Ideals and Things:* *International Legal Scholarship and the* *Prison House of Language*, 26 Harv.I.L.J. S.327

CARTY, ANTHONY	*Liberalism's 'Dangerous Supplements':* *Medieval Ghosts of International Law* *Book Review* *From Apology to Utopia: The Structure of* *International Legal Argument. By Martti* *Koskenniemi* 13 Michigan Journal of International Law S.161 (1991) Zitiert als CARTY, *Liberalism's 'Dangerous* *Supplements': Medieval Ghosts of* *International Law*, 13 Michigan Journal of International Law S.171
CHARLESWORTH, HILARY CHINKIN, CHRISTINE WRIGHT, SHELLEY	*Feminist Approaches to International Law* 85 American Journal of International Law S.613 (1991) Zitiert als CHARLESWORTH/CHINKIN/WRIGHT, *Feminist Approaches to International Law* 85 A.J.I.L. S.613
CHARLESWORTH, HILARY	*The Hidden Gender of International Law* 16 Temple International and Comparative Law Journal S.93 (2002) Zitiert als: CHARLESWORTH, *The Hidden* *Gender of International Law*, 16 Temp.I.&Comp.L.J. S.93
FASTENRATH, ULRICH	*Book Review: From Apology to Utopia* 31 Archiv des Völkerrechts S.182 (1993) Zitiert als FASTENRATH, *Book Review: From* *Apology to Utopia*, 31 Arch.V.R. S.182
FRANCK, THOMAS	*Legitimacy in the International System* 82 American Journal of International Law S.705 (1988) Zitiert als FRANCK, *Legitimacy in the* *International System*, 82 A.J.I.L. S.705

FRUG, GERALD E.	*The City as a Legal Concept* 93 Harvard Law Review S.1057 (1980) Zitiert in PURVIS, NIGEL *Critical Legal Studies in Public International* *Law* 32 Harvard International Law Journal S.81, 101 (1991) Zitiert als FRUG, *The City as a Legal Concept,* 93 Harv.L.Rev. S.1057
GABEL, PETER	*Intention and Structure in Contractual* *Conditions: Outline of a Method for Critical* *Legal Theory* 61 Minnesota Law Review S.601 (1977) Zitiert als GABEL, *Intention and Structure in* *Contractual Conditions: Outline of a Method* *for Critical Legal Theory,* 61 Minn.L.Rev. S.601
GABEL, PETER	*Reification in Legal Reasoning* 3 Research in Law and Sociology S.25 (1980) Zitiert als GABEL, *Reification in Legal* *Reasoning,* 3 Res.L.&Soc. S.25
GALINDO, GEORGE RODRIGO BANDEIRA	*Martti Koskenniemi and the Historiographical* *Turn in International Law* 16 European Journal of International Law S.539 (2005) Zitiert als GALINDO, *Martti Koskenniemi and* *the Historiographical Turn in International* *Law,* 16 E.J.I.L. S.539
HORWITZ, MORTON	*Book Review. The Rule of Law: An* *Unqualified Human Good?* 86 Jale Law Journal S.561 (1977) Zitiert als HORWITZ, *Book Review. The Rule* *of Law: An Unqualified Human Good?,* 86 Yale L.J. S.561

X

KENNEDY, DAVID	*Theses about International Law Discourse* 23 German Yearbook of International Law S.353 (1980) Zitiert als KENNEDY, *Theses about International Law Discourse, 23* German Y.B.I.L. S.353
KENNEDY, DAVID	*Critical Theory, Structuralism and Contemporary Legal Scholarship* 21 New England Law Review S.209 (1985-86) Zitiert als KENNEDY, *Critical Theory, Structuralism and Contemporary Legal Scholarship,* 21 New Eng.L.Rev. S.209
KENNEDY, DAVID	*A New Stream of International Law Scholarship* 7 Wisconsin International Law Journal S.1 (1988) Zitiert als KENNEDY, *A New Stream of International Law Scholarship,* 7 Wis.I.L.J. S.1
KENNEDY, DAVID	*Book Review. Apology to Utopia* 31 Harvard International Law Journal S.385 (1990) Zitiert als KENNEDY, *Book Review. Apology to Utopia,* 31 Harv.I.L.J. S.385
KENNEDY, DAVID	Receiving the International 10 Connecticut Journal of International Law S.1 (1994) Zitiert als KENNEDY, *Receiving the International,* 10 Conn.J.I.L. S.1
KENNEDY, DAVID TENNANT, CHRIS	New Approaches to International Law: A Bibliography 35 Harvard International Law Journal S.417 (1994) Zitiert als KENNEDY/TENNANT, *New Approaches to International Law: A Bibliography,* 35 Harv.I.L.J. S.417

KENNEDY, DAVID	*International Law and Ninteenth Century: History of an Illusion* 65 Nordic Journal of International Law S.385 (1996) Zitiert als KENNEDY, *International Law and Ninteenth Century: History of an Illusion*, 65 Nordic Journal of International Law S.385
KENNEDY, DAVID	*Critical Legal Studies: A Symposium on Duncan Kennedy's A Critique of Adjudication – The Personal and the Political* 22 Cardozo Law Review S.991 (2001) Zitiert als KENNEDY, *Duncan Kennedy, A Critique of Adjudication: Fin de Siecle*, 22 Cardozo L.Rev. S.991
KENNEDY, DAVID	*The Last Treatise: Project and Person. (Reflections on Martti Koskenniemi's From Apology to Utopia)* 7 German Law Journal S.982 (2006) Zitiert als KENNEDY, *The Last Treatise: Project and Person. (Reflections on Martti Koskenniemi's From Apology to Utopia)*, 7 German L.J. S.982
KENNEDY, DUNCAN	*Form and Substance in Private Law Adjudication* 89 Harvard International Law Journal S.1685 (1976) abgedruckt in DAVID KENNEDY, WILLIAM W. FISCHER III. (Hrsg.) *The Legal Canon of American Thought*, S.647 (Princeton Universtity Press, 2006) Zitiert als KENNEDY, *Form and Substance in Private Law Adjudication*, 89 Harv.I.L.J. S.1685
KLARE, KARL	*Law-Making as Praxis* 40 TELOS S.123 (1979) Zitiert als KLARE, *Law-Making as Praxis*. 40 TELOS S.123

KLARE, KARL E.	*The Law-School Curriculum in the 1980's: What's Left?* 32 Journal of Legal Education S.336 (1982) Zitiert als KLARE, *The Law-School Curriculum in the 1980's: What's Left?*, 32 J.Leg.Educ. S.336
KORHONEN, OUTI	*New International Law: Silence, Defende or Deliverance?* 7 European Journal of International Law S.1 (1996) Zitiert als KORHONEN, *New International Law: Silence, Defende or Deliverance?*, 7 E.J.I.L. S.1
KOSKENNIEMI, MARTTI	*The Politics of International Law* 1 European Journal of International Law S.1 (1990) Zitiert als KOSKENNIEMI, *The Politics of International Law*, 1 E.J.I.L. S.1
KOSKENNIEMI, MARTTI	*The Policy in the Temple. Order, Justice and the UN: A Dialectical View* 6 European Journal of International Law S.325 (1995) Zitiert als KOSKENNIEMI, *The Police in the Temple – Order, Justice and the UN: A Dialectical View*, 6 E.J.I.L. S.325
KOSKENNIEMI, MARTTI	*Lauterpacht: The Victorian Tradition in International Law* 8 European Journal of International Law S.215 (1997) Zitiert als KOSKENNIEMI, *Lauterpacht: The Victorian Tradition in International Law*, 2 E.J.I.L. S.215
KOSKENNIEMI, MARTTI	*Symposium: The Changing Structure of International Law Revisited (Part 2) Hierarchy in International Law: A Sketch* 8 European Journal of International Law S.566 (1997) Zitiert als KOSKENNIEMI, *Hierarchy in International Law: A Sketch*, 8 E.J.I.L. S.566

KOSKENNIEMI, MARTTI	*Symposium on Method in International Law* *Letter to the Editors of the Symposium* 93 American Journal of International Law S.351 (1999) Zitiert als KOSKENNIEMI, *Letter to the Editors of the Symposium*, 93 A.J.I.L. S.351
KOSKENNIEMI, MARTTI	*Global Governance and Public International Law* 37 Kritische Justiz S.241 (2004) Zitiert als: KOSKENNIEMI, *Global Governance and Public International Law,* 37 Kritische Justiz S.241
KOSKENNIEMI, MARTTI	*Symposium: Perspective on Europe and International Law* *International Law in Europe: Between Tradition and Renewal* 16 European Journal of International Law S.113 (2005) Zitiert als KOSKENNIEMI, *International Law in Europe: Between Tradition and Renewal,* 16 E.J.I.L. S.113
KOSKENNIEMI, MARTTI	*A Response* 7 German Law Journal S.1103 (2006) Zitiert als KOSKENNIEMI, *A Response,* 7 German L.J. S.1103
KOSKENNIEMI, MARTTI	*The Fate of Public International Law: Between Technique and Politics* 70(1) Modern Law Review S.1 (2007) Zitiert als KOSKENNIEMI, *The Fate of Public International Law: Between Technique and Politics,* 70(1) Modern L.Rev. S.1
KOSKENNIEMI, MARTTI	*The Politics of International Law – 20 Years Later* 20 European Journal of International Law S.7 (2009) Zitiert als KOSKENNIEMI, *The Politics of International Law – 20 Years Later,* 20 E.J.I.L. S.7

LANDAUER, CARL	*Book Reviews: International Legal Structures.* *By David Kennedy* 30 Harvard International Law Journal S.287 (1989)
	Zitiert als LANDAUER, *Book Reviews: International Legal Structures. By David Kennedy*, 30 Harv.I.L.J. S.287
LOWE, VAUGHAN	*Book Review: From Apology to Utopia* 17 Journal of Law and Society S.386 (1990)
	Zitiert als LOWE, *Book Review: From Apology to Utopia,* 17 Journal of Law and Society S.384
MIÉVILLE, CHINA	The Commodity-Form Theory of International Law: An Introduction 17 Leiden Journal of International Law S.271 (2004)
	Zitiert als MIÉVILLE, The Commodity-Form Theory of International Law: An Introduction, 17 L.J.I.L. S.271
MÜLLERSON, REIN	*Review of Martti Koskenniemi's The Gentle Civilizer of Nations: The Rise and Fall of International Law 1870-1960* 13 European Journal of International Law S.727 (2002)
	Zitiert als MÜLLERSON, *Review of Martti Koskenniemi's The Gentle Civilizer of Nations: The Rise and Fall of International Law 1870-1960,* 13 E.J.I.L. S.727
ORFORD, ANNE	*A Journal of the Voyage from Apology to Utopia* 7 German Law Journal S.993 (2006)
	Zitiert als ORFORD, *A Journal of the Voyage from Apology to Utopia,* 7 German L.J. S.993
PURVIS, NIGEL	*Critical Legal Studies in Public International Law* 32 Harvard International Law Journal S.81 (1991)
	Zitiert als PURVIS, *Critical Legal Studies in Public International Law,* 32 Harv.I.L.J. S.81

RAJAGOPAL, BALAKRISHNA	*Martti Koskenniemi's From Apology to Utopia: A Reflection* 7 German Law Journal S.1089 (2006) Zitiert als RAJAGOPAL, *Martti Koskenniemi's From Apology to Utopia: A Reflection,* 7 German L.J. S.1089
RATNER, STEVEN R. SLAUGTHER, ANNE-MARIE	*Symposium on Methods of International Law Appraising the Methods of International Law: A Prospectus for Readers* 93 American Journal of International Law S.291 (1999) Zitiert als RATNER/SLAUGTHER, *Appraising the Methods of International Law: A Prospectus for Readers*, 93 A.J.I.L. S.291
SATHIRATHAI, SURAKIART	*An Understanding of the Relationship Between International Legal Discourse and Third World Countries* 25 Harvard International Law Journal S.395 (1984) Zitiert als SATHIRATHAI, *An Understanding of the Relationship Between International Legal Discourse and Third World Countries,* 25 Harv.I.L.J. S.395
SCOBBIE, IAN	*Towards the Elimination of International Law: Some Radical Scepticism about Sceptical Radicalism in International Law* LXI British Yearbook of International Law S.339 (1990) Zitiert als SCOBBIE, *Towards the Elimination of International Law: Some Radical Scepticism about Sceptical Radicalism in International Law,* LXI B.Y.I.L. S.339
SIMMA, BRUNNO PAULUS, ANDREAS L.	*The Responsibility of Individuals for Human Rights Abuses in International Coflicts: A Positivist View* 93 American Journal of International Law S.303 (1999) Zitiert als SIMMA/PAULUS, *The Responsibility of Individuals for Human Rights Abuses in International Conflicts: A Positivist View,* 93 A.J.I.L. S.303

WEILER, J. H. H. PAULUS, ANDREAS L.	*Symposium: The Changing Structure of International Law Revisited (Part 2) The Structure of Change in International Law or Is there a Hierachy of Norms in International Law?* 8 European Journal of International Law S.545 (1997) Zitiert als WEILER/PAULUS, *The Structure of Change in International Law or Is there a Hierachy of Norms in International Law?*, 8 E.J.I.L. S.545

B.   Sonstiges

Institut for International Law and Justice
New York University School of Law
BOGDANDY, ARMIN/ DELLAVALLE, SERGIO
International Law and Justice Working Paper 2008/3
(History and Theory of International Law Series)
Universalism and Particularism as Paradigms of International Law
Fertiggestellt am 7. Februar 2008
Erhältlich unter http://www.iilj.org/publications/documents/2008-3.Bogdandy-Dellavalle.pdf
(zuletzt aufgerufen am 18.06.2009)

Zitiert als BOGDANDY/DELLAVALLE, *Universalism and Particularism as Paradigms of International Law*, IILJ Working Paper 2008/3

Part I   Einleitung

„Ratio sit, pereat mundus?" –Soll der Verstand walten, auch wenn die Welt darüber zugrunde geht?

Mit dieser Anspielung auf die (als Wahlspruch Ferdinand des Ersten überlieferte) Redewendung *„Fiat iustitia, et pereat mundus!"* – Es soll Gerechtigkeit geschehen, gehe auch die Welt darüber zugrunde! kritisiert Fastenrath Koskenniemis Analyse des Völkerrechts in *From Apology to Utopia: The Structure of International Legal Argument.*[1] Endet der Angriff von einem *New Stream* postmoderner Kritiker und Dekonstruktivisten auf die liberale Völkerrechtswissenschaft im Nichts? Um dieser Frage nachzugehen, soll zunächst die Entstehung der *Critical Legal Studies* beleuchtet werden, wobei der Fokus hier, wie auch im Folgenden, auf David Kennedy und Martti Koskenniemi liegt. Neben diesen herausragenden Vertretern der kritischen Schule sollen im dritten Teil der vorliegenden Arbeit auch andere Mitglieder dieser Strömung zu Wort kommen, wenn auf das Konzept des völkerrechts-wissenschaftlichen *New Stream* eingegangen wird. Der vierte Teil widmet sich den „Kritikern der Kritiker". Abschließend beurteilt die Verfasserin die Erkenntnisse des völkerrechtlichen *New Stream* und deren Konsequenzen.

Part II   Die Entstehung der kritischen Schule

I.   Eine Disziplin in der Krise: Die Geburtsstunde des *New Stream*

Die Antwort auf die Frage nach dem Geltungsgrund des Völkerrechts hat die Völkerrechtstheorie seit dem 19. Jahrhundert im Spannungsfeld zwischen Rechtspositivismus und Naturrechtslehre gesucht.[2] Dabei gehen die positivistischen Rechtstheorien davon aus, dass das Recht gilt, weil es durch den autonomen Willen der Staaten gesetzt worden ist.[3] Die Selbstverpflichtungslehre bestimmt Art, Umfang und Dauer der Geltung einer

---

[1] FASTENRATH, *Book Review: From Apology to Utopia*, 31 Arch. VR S.182, 184.

[2] SHAW, *International Law*, S.48; KENNEDY, *International Law and Ninteenth Century: History of an Illusion*, 65 Nordic Journal of International Law S.385, 386.

[3] D'AMATO, *What "Counts" as Law?*, in ONUF, *Law-Making in the Global Community* S.83, 89; PETERS, *Völkerrecht: Allgemeiner Teil*, S.18, Rn.50; SCHMITZ, *Philosophische Probleme internationaler Politik und transnationalen Rechts*, S. 113 ff..

Völkerrechtsnorm allein nach dem Willen der Staaten; die Kontraktlehre will durch einen die Vereinbarungsbeteiligten bindenden „Gemein-Willen" verhindern, dass sich Staaten ihren einmal eingegangenen Verpflichtungen einseitig entziehen können; die „common-consent"-Theorie sieht auch Minderheiten durch die Zustimmung der überwiegenden Mehrheit der Staatengemeinschaft gebunden; die normativistischen Theorien führen alle völkerrechtlichen Normen auf die Grundnorm „pacta sunt servanda"; die soziologische Schule sucht den Geltungsgrund des Völkerrechts empirisch in seinem sozialen Umfeld.[4] Vertreter der Naturrechtslehre suchen diesen Geltungsgrund in der Natur des menschlichen Seins, als Ausdruck eines transzendenten göttlichen Willens oder der menschlichen Vernunft. Sie nehmen bestimmte Grundaussagen zum Ausgangspunkt, welche der Völkerrechtsordnung zugrunde lägen und den souveränen Staaten vorgegeben seien.[5]

Nun weist jedoch jede dieser Theorien unübersehbare Mängel auf: Die Staatswillenstheorien versuchen eine Rechtsordnung, die ihrer Natur nach auf Beständigkeit angelegt und somit in einem gewissen Umfang statisch ist, mit dem sich dynamisch wandelnden Willen der Staaten zu erklären, wobei sie ihre Normativität nur wahren können, indem sie auf Hilfskonstruktionen wie die eines Grundkonsens zurückgreifen, die gerade nicht den realen Willen der Staaten widerspiegeln. Die normativistische Theorie vermag nicht zu erklären, woher die Grundnorm „pacta sunt servanda" ihre Geltungskraft bezieht. Auch die soziologische Schule setzt einen Grundkonsens voraus, dessen Existenz sie nicht beweisen kann.[6] Die den naturrechtlichen Theorien zugrunde liegende Annahme der Existenz gemeinsamer, fundamentaler Grundwerte erscheint angesichts der kulturellen, religiösen und ethischen Heterogenität der Staatenwelt überhöht; sollten sie existieren, kann ihr Gehalt nur so minimal sein, dass er nicht zur Entwicklung sich hieraus ableitender Rechtsnormen taugt.[7]

Da keine dieser Theorien die Existenz des Völkerrechts in überzeugender Weise begründen konnten, entwickelten sich nach dem zweiten Weltkrieg neue, pragmatische

---

[4] IPSEN, Völkerrecht, S.8-13, Rn.20-33; GRAF VITZTHUM in GRAF VITZTHUM (Hrsg.), Völkerrecht, S.30, Rn.63.

[5] DOEHRING, Völkerrecht, S.6-7, Rn.9; D'AMATO, What "Counts" as Law?, in ONUF, Law-Making in the Global Community S.83, 91.

[6] IPSEN, Völkerrecht, S.9-10, Rn.24, 27, S.13, Rn. 33.

[7] DOEHRING, Völkerrecht, S.8, Rn.11.

Völkerrechtstheorien, die versuchten, der alten Einteilung von Naturrecht und Rechtspositivismus zu entkommen. Dasselbe Ziel verfolgten nach ihnen die Verfechter eines konzeptionellen Pragmatismus wie beispielsweise die Vertreter der *New Haven School*.[8] Doch immer wieder verfielen die Wissenschaftler in alte Muster und jede ihrer Theorien führte zurück zum Streit über Naturrecht und Rechtspositivismus, was in den Siebzigerjahren des zwanzigsten Jahrhunderts schließlich zur drohenden Marginalisierung der Völkerrechtstheorie führte.[9]

Vor dem Hintergrund der Uneinigkeit über den Geltungsgrund des internationalen öffentlichen Rechts und der hieraus für die ganze Disziplin erwachsenden Krise entwickelte sich in den Achtzigerjahren des letzten Jahrhunderts ein *„New Stream"* in der Völkerrechtstheorie.[10] Diese neue völkerrechtstheoretische Strömung war Teil der *Critical Legal Studies*, einer vor allem in der US-amerikanischen Rechtstheorie beheimateten Bewegung, deren Ursprünge im rechtlichen Realismus, dem neuen linken Anarchismus, dem Existenzialismus, in der neo-progressiven Geschichtswissenschaft, der liberalen Soziologie, der radikalen Gesellschaftstheorie und in den empirischen Sozialwissenschaften zu suchen sind und die auf radikale Weise Kritik am Zustand des modernen Rechts übte.[11] Einige Völkerrechtler suchten nun, Roberto Ungers Kritik des Liberalismus und Duncan Kennedys Kritik an der Geschichte und der Theorien des nationalen Rechts in ihr Rechtsgebiet zu übersetzen.[12] Einer der erste Verfechter einer völkerrechtlichen postmodernen kritischen Schule in den Vereinigten Staaten war David Kennedy.[13] In Europa versuchten Völkerrechtswissenschaftler wie Martti Koskenniemi und Anthony Carty mit ähnlichen

---

[8] RATNER/SLAUGTHER, *Appraising the Methods of International Law: A Prospectus for Readers*, 93 A.J.I.L. S.291, 294.

[9] PURVIS, *Critical Legal Studies in Public International Law*, 32 Harv.I.L.J. S.81, 83-88.

[10] KENNEDY, *A New Stream of International Law Scholarship*, 7 Wis.I.L.J. S.1, 2.

[11] KENNEDY, *Form and Substance in Private Law Adjudication*, 89 Harv.I.L.J. S.1685ff; KENNEDY, *Duncan Kennedy, A Critique of Adjudication: Fin de Siecle*, 22 Cardozo L.Rev. S.991ff.; UNGER, *The Critical Legal Studies Movement*; siehe allgemein KELMAN, *A Guide to Critical Legal Studies*.

[12] KENNEDY, *The Last Treatise: Project and Person. (Reflections on Martti Koskenniemi's From Apology to Utopia)*, 7 German L.J. S.982, 984; Vgl. auch KENNEDY, *Duncan Kennedy, A Critique of Adjudication: Fin de Siecle*, 22 Cardozo L.Rev. S.991.

[13] Siehe KENNEDY, *Critical Theory, Structuralsim and Contemporary Legal Scholarship*, 21 New Eng.L.Rev S.209; KENNEDY, *Theses about International Law Discourse*, 23 German Y.B.I.L. S.353.

Ansätzen liberale völkerrechtstheoretische Sichtweisen systematisch zu dekonstruieren, also durch analytische Zergliederung die dem liberalen Eigenverständnis vorgegebenen Tendenzen zu enthüllen.[14] Zusammen bilden die völkerrechtliche kritische Schule und der völkerrechtliche Dekonstruktivismus den *New Stream*, dessen Analyse Unbestimmtheit, Inkohärenz und Parteilichkeit des internationalen öffentlichen Rechts aufdecken will. Auch der feministische Völkerrechtsansatz, nach dem das Völkerrecht *„gendered"* ist, also die Strukturen des Völkerrechts sowie seine Erzeugung und Inhalte die soziale Unterlegenheit der Frau verfestigen, ist eine Variante des New Stream.[15]

Im Folgenden sollen mit David Kennedy und Martti Koskenniemi zwei der wichtigsten Vertreter des *New Stream* und ihre bedeutsamsten Werke näher beleuchtet werden.

II.   Vordenker und Strukturanalytiker: David Kennedy

Nach einer Reihe von Publikationen in Rechtszeitschriften[16] veröffentlichte David Kennedy, Professor an der *Harvard Law School*, im Jahr 1987 sein Buch *„International Legal Structures"* und legte damit den Grundstein für die neue völkerrechtstheoretische Strömung.[17] Kennedy schrieb dieses Werk in der Überzeugung, *„that the intellectual tradition sustaining the field of international law had come to an end – the field was, in some sense, over."*[18] In seiner Betrachtung des internationalen öffentlichen Rechts *„from the inside"* analysiert Kennedy die Struktur völkerrechtlicher Rhetorik und die interne Logik der Völkerrechtstheorie, wobei er methodisch den Kontext und die Entstehungsgeschichte der einzelnen völkerrechtlichen Normen und Theorien weitestgehend ausblendet und seine Kritik

---

[14] Siehe KOSKENNIEMI, *From Apology to Utopia: The Structure of International Legal Argument;* CARTY, *The Decay of International Law? A Reappraisal of the Limits of Legal Imagination of International Affairs.*

[15] Feministische völkerrechtstheoretische Betrachtungen sollen nicht Gegenstand der folgenden Analyse sein. Siehe hierfür CHARLESWORTH, CHINKIN, WRIGHT, *Feminist Approaches to International Law*, 85 A.J.I.L. S.613; CHARLESWORTH, *The Hidden Gender of International Law*, 16 Temp.I.&Comp.L.J. S.93; Für weitere Nachweise siehe KENNEDY/TENNANT, *New Approaches to International Law: A Bibliography*, 35 Harv.I.L.J. S.417, 438-439.

[16] Siehe z.B. KENNEDY, *Theses about International Law Discourse*, 23 German Y.B.I.L. S.353; KENNEDY, *Critical Theory, Structuralism and Contemporary Legal Scholarship*, 21 New Eng.L.Rev. S.209.

[17] LANDAUER, *Book Reviews: International Legal Structures. By David Kennedy*, 30 Harv.I.L.J. S.287.

[18] KENNEDY, *The Last Treatise: Project and Person. (Reflections on Martti Koskenniemi's From Apology to Utopia)*, 7 German L.J. S.982, 983.

4

damit vom jeweiligen momentanen Zustand des Völkerrechts unabhängig macht.[19]

Die Reaktionen auf Kennedys *„International Legal Structures"* waren zunächst eher verhalten; für Viele war seine Theorie nicht mehr als *„yet another exotic variant of American skepticism-realism-pragmatism-policy-science-exceptionalism"*, die Jurastudenten zwar künftig würden lernen müssen, die aber *„not something important for scholars serious about international order, or lawyer serious about the practice of international law"* sei.[20] Das änderte sich, als Kennedy Verstärkung aus Europa bekam.

III. Praktiker und Dekonstruktivist: Martti Koskenniemi

Beeinflusst von der Arbeit David Kennedys in den Vereinigten Staaten,[21] veröffentlichte der Finne Martti Koskenniemi 1989 *From Apology to Utopia: The Structure of International Legal Argument*, das im Jahr 2005 mit neuem Epilog des Verfassers wiederaufgelegt wurde.[22] Sein amerikanischer Kollege nannte dieses Werk *„the most significant late 20th century English language monograph in the field of international law"*, *„an instant classic [which] could well turn out to have been the last great original treatise in the international law field."*[23] *"This is not only a book in international law. It is also an exercise in social theory and in political philosophy"*; mit diesen Sätzen beginnt Koskenniemi seine Analyse des Völkerrechts.[24] Seine Kritik gilt hierbei insbesondere *„the liberal theory of politics"*, einem entpolitisierenden völkerrechtlichen Liberalismus-Mainstream, dem Koskenniemi das Konzept der völkerrechtlichen Selbstbestimmung, das Konsensprinzip und insbesondere die *„Rule of Law"*, einer Art völkerrechtlichem Rechtsstaatsgrundsatz, zuschreibt.[25] Sein

---

[19] KENNEDY, *International Legal Structures*, S.7.

[20] KENNEDY, *The Last Treatise: Project and Person. (Reflections on Martti Koskenniemi's From Apology to Utopia)*, 7 German L.J. S.982, 983.

[21] So KOSKENNIEMI, *From Apology to Utopia: The Structure of International Legal Argument*, S.xv.

[22] In der vorliegenden Arbeit wird die 2005 erschienene Neuauflage verwendet, deren Seitenangaben von denen der Erstausgabe abweichen.

[23] KENNEDY, *The Last Treatise: Project and Person. (Reflections on Martti Koskenniemi's From Apology to Utopia)*, 7 German L.J. S.982.

[24] KOSKENNIEMI, *From Apology to Utopia: The Structure of International Legal Argument*, S.1.

[25] KOSKENNIEMI, *From Apology to Utopia: The Structure of International Legal Argument*, S.5.

Vorgehen kann – zumindest in den ersten sieben Kapiteln des Buches[26] – als Dekonstruktion dieses vom Liberalismus geprägten Völkerrechts verstanden werden, wobei Koskenniemi sich die Grundsätze der dekonstruktivistischen Philosophie[27] zu Eigen macht und seine Methodik als *„a general outlook towards analysing intellectual operations through which the social world appears to us in the way it does"* bezeichnet.[28]

Koskenniemi will die *„deep-structure"* des Völkerrechts ergründen und ihre *„langue"* oder *„grammar"* aufzeigen, eine Sprache, die seiner Ansicht nach jeglichen völkerrechtlichen Diskurs durchzieht und deren Kenntnis zu den Kompetenzen der Praktiker des internationalen öffentlichen Rechts gehört.[29] Denn Koskenniemi, der nicht nur Professor des Völkerrechts an der Universität Helsinki ist, sondern bis 2006 auch Mitglied der *International Law Commission* war, hat bei seiner Analyse stets den Anwender des Völkerrechts im Blick: *„By providing an "insiders view" to legal discourse"* zielt Koskenniemi darauf ab, *„[to] produce a therapeutic effect on lawyers frustrated with their inability to cope with the indeterminancy of theory and the irrelevance of doctrine."*[30] Koskenniemis eigene Erfahrungen als Praktiker des Völkerrechts und die hieraus resultierende Desillusionierung lassen seine Analyse schärfer und wütender wirken als die Kennedys.[31]

Den Anwendern des Völkerrechts widmet sich Koskenniemi auch in seinem Buch *The Gentle Civilizer of Nations: The Rise and Fall of International Law 1870-1960*, das 2001 erschien und als Fortsetzung von Koskenniemis *From Apology to Utopia* gelesen werden darf.[32] Mit

---

[26] SCOBBIE, *"Towards the Elimination of International Law: Some Radical Scepticism about Sceptical Radicalism in International Law"*, LXI B.Y.I.L. S.339, 340.

[27] Vgl. DERRIDA, *Of Grammatology*, ders., *Writing and Difference*, ders. *Positions*.

[28] KOSKENNIEMI, *From Apology to Utopia: The Structure of International Legal Argument*, S.6.

[29] KOSKENNIEMI, *From Apology to Utopia: The Structure of International Legal Argument*, S.8, 11.

[30] KOSKENNIEMI, *From Apology to Utopia: The Structure of International Legal Argument*, S.13.

[31] Vgl. KENNEDY, *The Last Treatise: Project and Person. (Reflections on Martti Koskenniemi's From Apology to Utopia)*, 7 German L.J. S.982, 989.

[32] KOSKENNIEMI, *The Gentle Civilizer of Nations: The Rise and Fall of International Law 1870-1960*, S.1-2.

Blick auf einige Große der Disziplin wie Hans Kelsen, Hersch Lauterpacht, [33] Carl Schmitt oder Hans Morgenthau stellt Koskenniemi die These auf, dass ein „professionelles" Völkerrecht mit „professionellen" Völkerrechtlern erst Ende des neunzehnten Jahrhunderts mit der Erstpublikation der *Revue de droit international et de législation comparée* und der Gründung *des Institut de droit international* entstanden sei und durch den stetig fortschreitenden Verlust an Glauben in das Völkerrecht und eine Überbetonung der Rolle von Politik, nationalen Interessen und Ideologie nach den Weltkriegen wieder unterging. [34] *„The international law that "rises" and "falls" in this book"*, so Koskenniemi, *„is (...) a sensibility that connotes both ideas and practices but also involves broader aspects of political faith, image of self and society, as well as the structural constraints within which international law professionals live and work."* [35] Vor diesem Hintergrund propagiert Koskenniemi im letzten Kapitel *„The Gentle Civilizer of Nations"* eine Kultur des Formalismus, womit er *„a culture of resistance to power, a social practice of accountability, openness, and equality whose status cannot be reduced to the political positions of any one of the parties whose claims are treated within it"* meint. [36] Mit *The Gentle Civilizer of Nations* verlässt Koskenniemi schließlich den Pfad des *New Stream of International Law*. [37]

Part III   Das Konzept der völkerrechtlichen Critical Legal Studies

Die Bewegung der kritischen Schule und der dekonstruktivistischen Lehre wendet sich gegen *„the tragic voice of post-war public law liberalism"* [38] und somit gegen die Annahme eines Grundkonsens als Quelle und Grundlage völkerrechtlicher Bindung, [39] wobei die liberale politische Theorie insbesondere an vier Fronten angegriffen wird: Erstens entlarven die Wissenschaftler des *New Stream* die Logik des Liberalismus im internationalen öffentlichen

---

[33] Vgl. auch schon KOSKENNIEMI, *Lauterpacht: The Victorian Tradition in International Law*, 2 EJIL S.215ff.

[34] KOSKENNIEMI, *The Gentle Civilizer of Nations: The Rise and Fall of International Law 1870-1960*, S.2-4.

[35] KOSKENNIEMI, *The Gentle Civilizer of Nations: The Rise and Fall of International Law 1870-1960*, S.2.

[36] KOSKENNIEMI, *The Gentle Civilizer of Nations: The Rise and Fall of International Law 1870-1960*, S.500.

[37] MÜLLERSON, *Review of Martti Koskenniemi's The Gentle Civilizer of Nations: The Rise and Fall of International Law 1870-1960*, 13 E.J.I.L. 727, 732; GALINDO, *Martti Koskenniemi and the Historiographical Turn in International Law*, 16 E.J.I.L. S.539, 540.

[38] KENNEDY, *A New Stream of International Law Scholarship*, 7 Wis.I.L.J. S.1, 2.

[39] IPSEN, *Völkerrecht*, S. 13 Rn. 34.

Recht als in sich widersprüchlich; zweitens bewegt sich ihrer Ansicht nach der gesamte völkerrechtliche Diskurs in einer stark eingezwängten Struktur; drittens sei das internationale öffentliche Recht unbestimmt; und viertens sei jeder mögliche Geltungsgrund des Völkerechtes einzig durch sich selbst für gültig erklärt.[40] Von dieser ersten Einteilung ausgehend soll im Folgenden die Argumentation der Vertreter der kritischen Schule und des Dekonstruktivismus entwickelt werden. Schließlich ist der Frage nach einer sich aus diesem Diskurs ergebenden völkerrechtlichen Vision des *New Stream* nachzugehen.

I. Die innere Widersprüchlichkeit der konsensgestützten Völkerrechtsdogmatik

Der vom *New Stream* kritisierte völkerrechtliche *Mainstream* lässt sich wie folgt charakterisieren: Nach dem liberalen Verständnis des Völkerrechts bildet die Souveränität der Staaten das Fundament des internationalen Lebens. Die Staaten sind sowohl Objekte wie auch Subjekte des Völkerrechts und die Weltordnung ist ein Gesellschaftsvertrag dieser Souveräne.[41] Eine weitere Prämisse des Liberalismus ist das Prinzip des subjektiven Wertes:[42] Moralische Wahrheit und moralische Werte seien stets subjektiv, da aus epistemologischer Sicht keine universale Moral erkannt werden kann. In einer souveränitätszentrierten Ordnung, in der Moral subjektiv ist, können Entscheidungen über Moral ausschließlich von dem Souverän getroffen werden. Bezüglich der Entscheidungsfindung der Staaten muss nach dem Prinzip der Subjektivität gelten, dass jegliche Entscheidung moralisch in gleichem Maß zulässig ist. Auch müssen Staaten nach der liberalen politischen Theorie im moralischen Sinne gleich sein, da keine vor ihnen vorhandene objektive Moral über sie richten kann. Da souveräne Freiheit jedoch nicht nur bedeutet, dass Staaten individuell oder kollektiv gleichförmig auf Grund eines Konsenses handeln, sondern sich Staaten ihren Interessen entsprechend sogar gegensätzlich zu anderen verhalten können, muss der Liberalismus – um Widersprüchlichkeit zu vermeiden – einander entgegenstehende Ansprüche souveräner Freiheit ausgleichen. Hierfür wird die *„rule of law"* herangezogen: Durch die Normen des internationalen öffentlichen Rechts, welche auf der formellen Gleichheit der souveränen Staaten basieren, soll die Freiheit der Souveräne auf

---

[40] PURVIS, *Critical Legal Studies in Public International Law*, 32 Harv.I.L.J. S.81, 92.

[41] KENNEDY, *Receiving the International*, 10 Conn.J.I.L. S.1, 6.

[42] KOSKENNIEMI, *The Politics of International Law*, 1 E.J.I.L. S.4, 5.

objektive und neutrale Weise in Einklang gebracht werden.[43] Das Völkerrecht könne aber nur dann von subjektiven politischen Werten unabhängig sein, wenn es zugleich konkret und normativ ist.[44] Allerdings sei es *„impossible to prove that a rule, principle or doctrine (in short, an argument) is both concrete and normative simultaneously. The two requirements cancel each other.*"[45] Um konkret zu sein, müsse sich jede Argumentation am Verhalten der Staaten orientieren, verliere aber hierdurch an Normativität und wirke politisch und rechtfertigend. Normativität setze umgekehrt gerade die Distanz zum staatlichen Handeln voraus, erscheine utopisch und wiederum politisch, da sie manipulierbar sei.[46]

Koskenniemi erfasst dieses gedankliche Konstrukt der liberalen politischen Theorie als

„the distinction between (material but subjective) morality and (formal but objective) law."[47]

Liberalismus leugne also die Existenz objektiver Werte, wolle aber im gleichen Atemzug internationale Konflikte unter Anwendung von objektivem, neutralem Recht lösen. Eben diese das gesamte Völkerrecht durchziehende innere Widersprüchlichkeit wird von den Wissenschaftlern des *New Stream* kritisiert und an verschiedenen Beispielen des Völkerrechts aufgezeigt:

Koskenniemi führt das aus der Souveränität aller Staaten abgeleitete *„harm principle"* an, eines der Grundprinzipien des Völkerrechts, welches den Staaten die gegenseitige Achtung ihrer Souveränität gebietet.[48] Die Freiheit jedes einzelnen Souveräns soll durch dieses (objektive) Prinzip begrenzt werden, wobei der Grundsatz der Subjektivität zu dem Ergebnis führe, dass der Umfang einer solchen Begrenzung nicht objektiv bestimmt werden könne. Ohne eine eindeutige Essenz des Begriffes *„harm"* sei jedoch eine objektive Konkretisierung

---

[43] UNGER, *Knowledge and Politics*, S. 76-81.

[44] KOSKENNIEMI, *The Politics of International Law*, 1 E.J.I.L. S.4, 7.

[45] KOSKENNIEMI, *The Politics of International Law*, 1 E.J.I.L. S.4, 8.

[46] KOSKENNIEMI, *The Politics of International Law*, 1 E.J.I.L. S.4, 8.

[47] KOSKENNIEMI, *From Apology to Utopia: The Structure of International Legal Argument*, S.85.

[48] Vgl. GRAF VITZTHUM in GRAF VITZTHUM (Hrsg.), *Völkerrecht*, S. 34 Rn. 73.

dieses Prinzips unmöglich; die liberale politische Theorie sei insofern widersprüchlich.[49]

Als weiteres Beispiel für die Inkohärenz des Liberalismus nennt Koskenniemi die völkerrechtliche Abgrenzung zwischen nationalen und internationalen Belangen. Hier führe das Leugnen der Existenz objektiver Wertigkeiten nicht nur zur Unmöglichkeit der generellen Unterscheidung und Abgrenzung dieser beiden abstrakten Begrifflichkeiten, sondern bringe die liberale politische Theorie auch in die Verlegenheit, konkrete Sachverhalte weder der nationalen noch der internationalen Zuständigkeit zuordnen zu können.[50]

Der *New Stream* stellt weiter die Logik der liberal-politischen Sichtweise über die Herkunft des Völkerrechts in Frage: Hiernach schlossen die Herrscher Europas in Westfalen einen Gesellschaftsvertrag, welcher ihren Status als Souveräne begründete, dessen Schaffung jedoch gleichzeitig auch durch ihre Souveränität legitimiert wurde, was nach Purvis Ansicht einen Zirkelschluss darstellt: Die liberale politische Theorie sei schon deshalb in sich widersprüchlich, da das Prinzip der Subjektivität das Bekenntnis zu jedem objektiven Wert und somit auch zur Freiheit selbst ausschließt.[51]

Auch Kennedy hält das internationale öffentliche Recht für widersprüchlich, was auf die Identität der Staaten im liberalen Völkerrecht zurückzuführen sei: Ihre Souveränität, Legitimität und intern respektierte Autorität bezögen Staaten aus ihrer Partizipation in der Internationalen Gemeinschaft, welche ihre souveräne Autorität aber gerade einschränke; *„[t]hey cannot be both internally absolute and externally social."*[52] Auf diesem Widerspruch baue das gesamte Völkerrecht auf, er durchziehe die Theorie ebenso wie die Praxis.[53]

Onuf analysiert in diesem Zusammenhang die Entstehung der traditionellen völkerrechtlichen Quellen. Eine neue Völkerrechtsquelle müsse durch die Staatengemeinschaft im Verfahren

---

[49]KOSKENNIEMI, *From Apology to Utopia: The Structure of International Legal Argument*, S. 87-89.

[50] KOSKENNIEMI, *From Apology to Utopia: The Structure of International Legal Argument*, S. 93.

[51] PURVIS, *Critical Legal Studies in Public International Law*, 32 Harv.I.L.J. S.81, 96.

[52] KENNEDY, *Theses about International Law Discourse*, 23 German Y.I.L. S. 353, 361.

[53] KENNEDY, *Theses about International Law Discourse*, 23 German Y.I.L. S. 353, 356.

einer bereits bestehenden Rechtsquelle begründet werden. Artikel 38 des Statuts des Internationalen Gerichtshofes benenne zwar unter anderem das Völkergewohnheitsrecht als Quelle des Völkerrechts, begründet es jedoch nicht, sondern kodifiziere bereits bestehendes Gewohnheitsrecht. Damit müsse aber das Völkergewohnheitsrecht die Rechtsquelle des Völkergewohnheitsrechts als Rechtsquelle sein, da nicht ersichtlich sei, durch welche andere Rechtsquelle das Gewohnheitsrecht begründet worden sein soll. Auch die anderen in Artikel 38 des Statuts des Internationalen Gerichtshofes genannten Rechtsquellen könnten sich somit auf keine Autorität stützen, da ihre Existenz ebenfalls auf Gewohnheitsrecht rückführbar sei. *„The logical problem"*, so Onuf, *„is so obvious but apparently unanswerable"*.[54]

Die Wissenschaftler des *New Stream* messen ihrem Vorwurf der Widersprüchlichkeit der liberalen politischen Theorie unterschiedliche Wichtigkeit bei: Während für einige die liberale politische Theorie durch ihre Illusion einer zusammenhängenden Logik dem Völkerrecht lediglich den Anschein eines Grades an Geltungskraft verleiht, welchen es nicht aufrechterhalten kann,[55] ist für andere die theoretische Unzusammenhängigkeit und Widersprüchlichkeit der liberalen Völkerrechtsdogmatik gleichbedeutend mit ihrer Unzulänglichkeit als Konzept für das internationale Leben als Ganzes: So sieht Macintyre die Folge der Widersprüchlichkeit der liberalen politischen Theorie in deren vollkommener Unbrauchbarkeit zur Erklärung des internationalen Geschehens. Das Prinzip der Subjektivität schließe sowohl die Existenz einer objektiven Wahrheit, von welcher ausgehend eine Theorie über Recht und Gerechtigkeit entwickelt werden könnte, als auch eine rationale Abwägung zwischen möglichen rechtstheoretischen Konzepten in Gänze aus.[56]

II.   Die bornierte Struktur der traditionellen völkerrechtlichen Argumentation

Den zweiten Angriffspunkt für die Wissenschaftler des *New Stream* bietet der Liberalismus in seiner stark eingezwängten Struktur des gesamten völkerrechtlichen Diskurses. Zum einen offenbare das Bestehen einer Struktur das Vorhandensein politischer Wahlmöglichkeiten, zum anderen demonstriere die Existenz von Struktur die Befangenheit und Tendenziösität

---

[54] ONUF, *Global Law-Making and Legal Thought*, in ONUF, *Law-Making in the Global Community*, S.28.

[55] KENNEDY, *International Legal Structures*, S.294.

[56] MACINTYRE, *After Virtue*, S.6-11, 227-335.

11

des Völkerrechts und schließlich führe die Leugnung dieser Struktur des internationalen öffentlichen Rechts zu deren Verschleierung und Aufrechterhaltung.[57]

1. Die liberale Ideologie im Völkerrecht

Nach der Ansicht von Purvis gibt die liberale politische Theorie vor, neutral zu sein und einzig die Ziele von Freiheit und prozessualer Gleichheit zu verfolgen.[58] Sie sei als intellektuelle Vorstellung eines erstrebenswerten Herrschaftssystems entstanden, wobei sie jedoch die Freiheitlichkeit weniger als materiell-rechtliches Ziel, sondern als deskriptives Prinzip der Struktur internationaler Beziehungen ausgab. So sei Freiheit als ein Teil der Realität vergegenständlicht worden. Der völkerrechtliche Liberalismus lasse auf diese Weise das „Sein" der Existenz mit dem normativen „Sein-Sollen" zusammenfallen. Materiell-rechtlicher Inhalt mit der Aussage, dass Freiheitlichkeit als Organisationsprinzip unter Überwindung möglicher Hindernisse zu maximieren sei, erfülle die so entstandene Ideologie. Indem die liberale politische Theorie die Freiheitlichkeit als dasjenige neutrale Herrschaftssystem anpreise, durch welches alle anderen Ziele erreicht werden können, schließe sie aber automatisch andere, zum Liberalismus im Widerspruch stehende völkerrechtliche Konzepte aus.[59]

Klare und Frug gestehen ein, dass liberale Ideen sich so in unserem Bewusstsein verfestigt haben, dass es schwer falle, sich eine Weltordnung vorzustellen, die auf einem anderen Grundsatz als dem Souveränitätsprinzip basiert. Die liberale Ideologie strukturiere die Weltordnung somit nicht nur, sondern fülle sie auch mit normativem Inhalt. Sie definiere die juristische Denkweise im Völkerrecht ebenso, wie sie das Verhalten der Staaten untereinander beeinflusse.[60]

Auch Koskenniemi ist der Ansicht, dass das Völkerrecht normativ strukturiert ist und so seinen Inhalt selbst bestimmt. Normativität impliziere aber Wahlmöglichkeiten, was dazu

---

[57] PURVIS, *Critical Legal Studies in Public International Law*, 32 Harv..L.J. S.81, 98-99.

[58] PURVIS, *Critical Legal Studies in Public International Law*, 32 Harv.I.L.J. S.81, 100.

[59] PURVIS, *Critical Legal Studies in Public International Law*, 32 Harv.I.L.J. S.81, 100.

[60] KLARE, *The Law-School Curriculum in the 1980's: What's Left?*, 32 J.Leg.Educ. S.336; FRUG, *The City as a Legal Concept*, 93 Harv.L.Rev. S.1057, 1099.

führe, dass keine autonome, nicht-normative Begründung existiere, nach der eine Norm der anderen gegenüber zu bevorzugen sei. Während der Liberalismus einige Normen wie Freiheitlichkeit und Souveränität akzeptiere, weise er andere zurück. Indem sich der Liberalismus als objektives und neutrales System darstelle, vertusche er die politische und moralische Natur seiner versteckten substantiellen Bindungen.[61]

2. Die völkerrechtliche Argumentationsstruktur

Die Vertreter des *New Stream* behaupten weiter, dass das internationale öffentliche Recht selbst durch die völkerrechtliche Argumentationsstruktur geformt sei. Die Anforderungen des Völkerrechts machten eine bestimmte Form der rechtlichen Diskussion notwendig, welche bestimmte Einwände und Ergebnisse anderen bevorzugt. Die intellektuellen Wurzeln dieser Einsicht sind im Strukturalismus und im Post-Strukturalismus zu suchen.[62]

Kennedy entlarvt das Völkerrecht als einheitliches Gebilde statischer Doktrinen, in welchem sich eine geringe Anzahl von Argumenten immer wieder in den verschiedensten Zusammenhängen wiederholt.[63] Er beschäftigt sich in diesem Kontext mit der völkerrechtlichen Quellenlehre. Die in Artikel 38 des Statuts des Internationalen Gerichtshofes genannten Quellen des Völkerrechts teilt er auf in solche, die auf dem Konsens der souveränen Staaten beruhen und solche, die keiner expliziten Vereinbarung entspringen, sondern einer generellen Überzeugung der Staaten von Gerechtigkeit; während er dabei die positivistischen Quellen *„hard law"* nennt, werden die naturalistischen Quellen als *„soft law"* bezeichnet, wobei Quellen begriffsnotwendig nicht gleichzeitig *„hard"* und *„soft"* sein können.[64] In der sich anschließenden Analyse deckt Kennedy aber auf, dass tatsächlich keine der Rechtsquellen nur *„hard"* oder *„soft"* ist, sondern dass jede „harte" Norm sich auch auf „weiche" Begründungen berufen muss und *vice versa*.[65] So kommt Kennedy zu dem Schluss:

---

[61] KOSKENNIEMI, *From Apology to Utopia: The Structure of International Legal Argument*, S.5.

[62] KENNEDY, *Critical Theory, Structuralism and Contemporary Legal Scholarship*, 21 NEW ENG.L.REV. S.209, 248-71.

[63] KENNEDY, *International Legal Structures*, S.291.

[64] KENNEDY, *International Legal Structures*, S.29.

[65] KENNEDY, *International Legal Structures*, S.53.

„[T]he distinction between consensual and non-consensual sources or doctrines or positions remains frustratingly fluid."[66]

Kennedy offenbart das Verhältnis zwischen den drei traditionellen dogmatischen Gebieten Rechtsquellen, materielles Recht und Prozessrecht. Die Quellenlehre soll die Ursprünge und Autorität des Völkerrechts erklären, inhaltliche Konzeptionen sollen materiellrechtliche Regeln für das Verhalten der Staaten entwickeln und die Prozesslehre soll unter Anwendung der Rechtsquellen und des materiellen Rechts verfahrensrechtliche Mechanismen zur Lösung zwischenstaatlicher Konflikte zur Verfügung stellen.[67] Laut Kennedy verweise die Rechtsquellenlehre bezüglich ihrer Autorität auf die Staaten, welche nach materiellrechtlichen Regeln entstehen und sich nach Prozessrecht konstituieren. Das Prozessrecht beziehe sich bezüglich seiner Herkunft auf die Rechtsquellen und bezüglich seiner Ermittlungen auf materielles Recht. Das materielle Recht rekurriere auf die Grenzen des Prozessrechts, seine Entstehung durch Rechtsquellen und seine Anwendung und Interpretation in einem institutionellen System.[68] Alle Rechtsgebiete verwiesen bezüglich ihres Geltungsgrundes gegenseitig aufeinander.[69] Zum selben Ergebnis kommt Kennedy auch im dritten Kapitel von *International Legal Structures*, in welchem er das Seerechtsübereinkommen der Vereinten Nationen analysiert und resümiert:

„It generates an international regime for the world's aquatic regions, fulfilling the aspirations of the state parties and the ambitions of the Preamble in an elaborate series of displacements and references. The organizing, ordering authority is always elsewhere – upcoming in regulation, behind us in the architecture, before us in the institution, above us in the purposes, outside us in states, around in the corner in the Authority, and so on."[70]

Eine andere Form der Strukturanalyse nimmt Koskenniemi vor, indem er versucht, die

---

[66] KENNEDY, *International Legal Structures*, S.100.

[67] PURVIS, *Critical Legal Studies in Public International Law*, 32 Harv.I.L.J. S.81, 103.

[68] KENNEDY, *International Legal Structures*, S.290, 292.

[69] KENNEDY, *International Legal Structures*, S.293.

[70] KENNEDY, *International Legal Structures*, S.244.

Wiederholung einer begrenzten Menge von Dichotomien in der völkerrechtlichen Argumentation historisch nachzuzeichnen, wobei die Geschichte der völkerrechtlichen Argumentationsstruktur hierbei als statische Wechselwirkung zwischen diesen Zweiteilungen betrachtet werden kann. Als Beispiel nennt Koskenniemi die Rechtstheorien, welche immer auf eine Seite der Gegensatzpaare absteigend/aufsteigend,[71] normativ/konkret,[72] Zweck/Konsens,[73] utopisch/rechtfertigend,[74] Gemeinschaft/Souveränität,[75] Gerechtigkeit/Weltordnung,[76] objektiv/subjektiv[77] und naturalistisch/positivistisch[78] einzuordnen seien. Argumentationen, welche den jeweils ersten Begriffen dieser Paare zuzuordnen sind, berufen sich auf eine normative Hierarchie als Begründung des Völkerrechts: Es bindet die Staaten, weil es ein Konzept von Gerechtigkeit, Moral, Naturrecht oder Menschenwürde reflektiert. Um das internationale öffentliche Recht auf das konkrete Staatenverhalten anwenden zu können, müssen Juristen konkrete Entscheidungen von der normativen Superstruktur ableiten. Theorien, auf welche die jeweils zweite Eigenschaft der Begriffspaare zutrifft, sehen das Völkerrecht als Produkt des Willens und Handelns der souveränen Staaten an. Von diesen subjektiven positivistischen Ursprüngen aus versucht das aszendente Argumentationsschema induktiv eine normative Ordnung zu konstruieren, welche die eigentliche Realität reflektiert.[79] Dabei hält Koskenniemi diese polarisierende Argumentationsstruktur für die einzige nach der liberalen politischen Theorie mögliche:

"The two patterns--or sets of arguments--are both exhaustive and mutually exclusive

---

[71] KOSKENNIEMI, *From Apology to Utopia: The Structure of International Legal Argument*, S.59.

[72] KOSKENNIEMI, *From Apology to Utopia: The Structure of International Legal Argument*, S.16.

[73] KOSKENNIEMI, *From Apology to Utopia: The Structure of International Legal Argument*, S.69.

[74] KOSKENNIEMI, *From Apology to Utopia: The Structure of International Legal Argument*, S.20.

[75] KOSKENNIEMI, *From Apology to Utopia: The Structure of International Legal Argument*, S.69.

[76] KOSKENNIEMI, *The Police in the Temple – Order, Justice and the UN: A Dialectical View*, 6 E.J.I.L. S.325, 328.

[77] KOSKENNIEMI, *From Apology to Utopia: The Structure of International Legal Argument*, S.16.

[78] KOSKENNIEMI, *From Apology to Utopia: The Structure of International Legal Argument*, S.69.

[79] PURVIS, *Critical Legal Studies in Public International Law*, 32 Harv.I.L.J. 81, S.104.

(...). Either the normative code is superior to the state or the state is superior to the code. A middle position seems excluded."[80]

Insgesamt sei in der traditionellen völkerrechtlichen Struktur die immer wiederkehrend selbstreferierende Suche nach Ursprung, Geltungsgrund und Kohärenz zu sehen. Gleichzeitig sei sie die historische Bemühung, die Wiederholung der vom Liberalismus selbst produzierten Dichotomien zu vermeiden. Diese beiden Restriktionen setzten die Struktur der konventionellen völkerrechtlichen Argumentation fest.[81] Koskenniemi ist dabei der Ansicht, dass diese Dichotomien keine durch die Völkerrechtswissenschaft lösbaren Probleme darstellen, sondern den Rahmen des Bereiches abstecken, in welchem sich das Völkerrecht als gesellschaftliche Praxis abspielt.[82]

III. Die Unbestimmtheit des Völkerrechts

Der dritte Vorwurf der kritischen Schule ist, dass das internationale öffentliche Recht unbestimmt sei. Einerseits fehlten im Völkerrecht adäquate Möglichkeiten zur Abstraktion, andererseits sei auch die konkrete Anwendung unbestimmt. Dies führt zu dem Ergebnis, dass liberale Legalität auf Basis der Herrschaft des Rechts unmöglich erscheint. Die liberale politische Theorie verstehe unter der *„rule of law"* einen Prozess, welcher neutrale Rechtsprinzipien mit konkreten Tatbeständen verknüpft. Um Recht anwenden zu können, müssten Juristen sich zunächst mit den relevanten rechtlichen Texten beschäftigen, um das im konkreten Fall einschlägige Recht herauszukristallisieren. Werde die richtige Norm dann angewendet und würden die gegebenen Fakten zutreffend subsumiert, so sollte der Rechtssatz ein bestimmtes materiell-rechtliches Ergebnis ermitteln.[83] Um hinreichend bestimmt zu ein, müsse die Herrschaft des Rechts somit zwei Prozesse gewährleisten können: Um verschiedene abstrakte Normen zu bilden, müsse ein bestimmter Theoretisierungsprozess möglich sein; um durch die so gewonnenen Normen rechtliche Ergebnisse herbeiführen zu können, müsse eine bestimmte Form der Anwendung erreicht werden. Nach Ansicht der

---

[80] KOSKENNIEMI, *From Apology to Utopia: The Structure of International Legal Argument*, S.59

[81] PURVIS, *Critical Legal Studies in Public International Law*, 32 Harv.I.L.J. S.81, 105.

[82] KOSKENNIEMI, *A Response*, 7 German L.J. S.1103, 1104.

[83] DWORKIN, *Taking Rights Seriously*, S.66-68.

Vertreter des *New Stream* kann dem Liberalismus auf Grund seiner eigenen Rechtslogik keine der beiden Bemühungen gelingen.[84]

1. Die Unbestimmtheit der Abstraktion

Die Vertreter des *New Stream* bestreiten die Existenz hinreichend bestimmter Abstraktionsmöglichkeiten unter der liberalen politischen Theorie, da die Theoretisierungsversuche des Liberalismus in sich widersprüchlich seien. Nacht der Ansicht von Purvis gelangt man von jedem faktischen oder theoretischen Anfangspunkt ausgehend durch weitere Abstrahierung zwangsläufig alsbald auf eine Stufe der Theoretisierung, welche sich mit der Frage von Herkunft und Geltungsgrund des Völkerrechts befasst und die sich im Spannungsfeld der widerstreitenden Dichotomien Naturalismus/Positivismus, Weltordnung/souveräner Wille und normative Werte/konkrete Realitäten behaupten muss.[85] Dies erkläre auch die Unendlichkeit der klassischen Debatte über Naturalismus und Positivismus: Jede der beiden Theorien beziehe ihre Stärke aus Kritik an der jeweils anderen, indem sie diese utopisch bzw. apologetisch nenne; da aber keine von beiden gleichzeitig normativ und konkret sein könne, verlören beide ihre Legitimität.[86]

Auch Koskenniemis Analyse kommt zu dem Ergebnis, dass es vor diesem Hintergrund überhaupt keine schlüssige Theorie zur Begründung der Herrschaft des Rechts im internationalen Geschehen geben kann: Eine Theorie, welche den Naturalismus dem Positivismus, die Weltordnung dem souveränen Willen und die Normativität dem Konkreten vorzieht, muss von der Existenz einer Art natürlicher, vom Verhalten, Willen oder Interesse der Staaten unabhängiger Moral ausgehen. Eine solche Theorie, die Normen ohne Rücksicht auf die Realität erhebt, wäre utopisch. Umgekehrt könne eine Theorie, welche dem Positivismus gegenüber dem Naturalismus den Vorrang gewährt, keine Normen erklären, die für Staaten zwangsweise gegen deren Willen gelten; sie würde daher apologetisch erscheinen.[87]

---

[84] PURVIS, *Critical Legal Studies in Public International Law*, 32 Harv.I.L.J. S.81, 106.

[85] PURVIS, *Critical Legal Studies in Public International Law*, 32 Harv.I.L.J. S.81, 106.

[86] PURVIS, *Critical Legal Studies in Public International Law*, 32 Harv.I.L.J. S.81, 107.

[87] KOSKENNIEMI, *From Apology to Utopia: The Structure of International Legal Argument*, S.20-21.

Um Vorwürfe, entweder utopisch oder apologetisch zu sein, entgehen zu können, versuchen moderne Theorien einen Mittelweg einzuschlagen und beide Extreme in Einklang zu bringen. Das Ergebnis kritisiert Koskenniemi als

> *"mixture of positivistic and naturalistic, consensualistic and non-consensualistic, teleological, practical, political, logical, and factual arguments in happy confusion, unaware of its internal contradiction."*[88]

Diese Widersprüchlichkeit mache einen festen theoretischen Standpunkt unmöglich und zwinge zum permanenten Wechsel zwischen verschiedenen Ansichten mit unterschiedlicher Gewichtung des Normativen und des Konkreten;

> *"indeterminacy follows as a structural property of the international legal language itself."*[89]

Die richtige Auswahl zwischen verschiedenen Theorien auf unterschiedlichen Stufen der Abstraktion könne dann nicht mehr logisch bestimmt werden, sondern stelle vielmehr eine politische Entscheidung dar.[90]

2. Die Unbestimmtheit der Rechtsanwendung

Die Unbestimmtheit des Völkerrechts zeigt sich nach Ansicht der Vertreter des *New Stream* auch bei der konkreten Anwendung seiner Normen und offenbart in diesem Kontext die Reversibilität der Völkerrechtstheorie. Reversibilität meint hierbei, dass jegliche völkerrechtliche Theorie verschiedenste konkurrierende Ergebnisse in einer beliebigen rechtlichen Debatte rechtfertigen kann.[91]

Aus epistemologischer Sicht sind, so Koskenniemi, der Prozess des Benennens und der des Entscheidens identisch. Die Entscheidung darüber, was etwas ist, beinhaltet dessen

---

[88] KOSKENNIEMI, *From Apology to Utopia: The Structure of International Legal Argument*, S.66.

[89] KOSKENNIEMI, *From Apology to Utopia: The Structure of International Legal Argument*, S.62.

[90] PURVIS, *Critical Legal Studies in Public International Law*, 32 Harv.I.L.J. S.81, 108.

[91] KOSKENNIEMI, *From Apology to Utopia: The Structure of International Legal Argument*, S.503-512.

Benennung, und umgekehrt. Die Bedeutung einer Theorie wird erst verständlich, wenn ihre Position im Verhältnis zu einer anderen Interpretation festgestellt wird. Genau wie jede Theorie – abhängig vom jeweiligen Ausgangspunkt der Interpretation – apologetisch oder utopisch sein kann, können die Doktrinen auch die konkrete Version auf jeder der beiden Seiten der Dichotomie unterstützen.[92]

Damit die „rule of law" das Ergebnis eines Rechtsstreites festlegen kann, muss die Rechtstheorie ein Ergebnis allen anderen vorziehen. Bei der Anwendung des Rechts ergebe sich aber, dass jedes Argument für ein bestimmtes Ergebnis mit einem Gegenargument erwidert werden könne. Damit sei jedes Resultat genauso gut wie das andere. Durch Abstraktion könne keine bestimmte Entscheidung erzwungen werden. Die Unbestimmtheit der Rechtsanwendung lenkt Koskenniemis Blick auf

"the apparent paradox that even a "literal" application is always a choice that is undermined by literality itself. There is no space in international law that would be free from decisionism, no aspect of the legal craft that would not involve a "choice" – that would not be, in this sense, a politics of international law."[93]

Völkerrechtsdoktrinen seien formelle Konzepte, die so angewendet werden können, dass jede völkerrechtliche Theorie jede materielle Entscheidung zu rechtfertigen vermag, der völkerrechtliche Diskurs jedoch gleichzeitig endlos sei. In diesem Sinne sei das Völkerrecht

"singularly useless as a means for justifying or criticizing international behavior."[94]

In diesem Zusammenhang kritisiert Koskenniemi auch die zunehmende Fragmentierung des Völkerrechts, die Spezialisierung in Bereiche wie Handelsrecht, Menschenrechte, Umweltrecht und Sicherheitsrecht.[95] Diese fördere die Parteilichkeit des internationalen öffentlichen Rechts: So hätte beispielsweise der Internationale Gerichtshof in der *Palestinian*

---

[92] KOSKENNIEMI, *From Apology to Utopia: The Structure of International Legal Argument*, S.16.

[93] KOSKENNIEMI, *From Apology to Utopia: The Structure of International Legal Argument*, S. 595-596.

[94] KOSKENNIEMI, *From Apology to Utopia: The Structure of International Legal Argument*, S.67.

[95] KOSKENNIEMI, *The Fate of Public International Law: Between Technique and Politics*, 70(1) Modern L.Rev. S.1, 4.

Wall Advisory Opinion[96] die Wahl gehabt, seine Betrachtung der Rechtslage am Recht der Selbstbestimmung, der Selbstverteidigung gegen Terrorismus, der Menschenrechte und am humanitären Völkerrecht zu orientieren. *„The choice of the frame"*, so Koskenniemi, *„determined the decision. But for determining the frame, there was no meta-regime, directive or rule."*[97] Das konkrete Urteil sei in solchen Fällen einzig das Resultat der subjektiven Wertung der Richter, welches Rechtsgebiet als das speziellere ausschlaggebend sein solle. Die Unbestimmtheit und Tendenziösität des Völkerrechts sei das Ergebnis der Vorherrschaft verschiedener Institutionen:[98]

> *„Which institution will have the authoritative voice? According to which bias will a matter be resolved? If there are no regime-independent ways of describing an issue, the door is open to the unilateral assumption of jurisdiction by experts who feel themselves powerful enough to have the last word."*[99]

Den Grund für diese Unbestimmtheit sieht Koskenniemi in der Schwierigkeit, formale, universelle Völkerrechtnormen zu entwickeln. Die Staaten würden zwar durchaus versuchen, Regeln für zukünftige Streitigkeiten bestmöglich festzulegen, begegneten hierbei aber zwei Schwierigkeiten: Erstens liegt es in der Natur jedes bestimmten Rechtssatzes, dass er zukünftig einerseits Fälle erfasse, die nach Willen des Rechtssetzers nicht unter die fragliche Norm hätten subsumiert werden sollen und dass andererseits Fälle, die gerade vom Regelungsbereich der Norm hätten erfasst werden sollen, auf Grund ihres besonderen Charakters nicht darunter fielen. Deshalb seien zu jeder Regel Ausnahmen notwendig, um das gewünschte Ergebnis zu erzielen. *„However,"* so Koskenniemi, *„there are no rules on when to apply the rule and when the exception, the interpretive principle or the standard."*[100]

---

[96] *Legal Consequences of the Construction of a Wall in the Occupied Palestinian Territory, Advisory Opinion,* 9. Juli 2004, ICJ-Reports (2004).

[97] KOSKENNIEMI, *The Fate of Public International Law: Between Technique and Politics,* 70(1) Modern L.Rev. S.1, 6.

[98] KOSKENNIEMI, *International Law and Hegemony: A Reconfiguration,* 17 Cambridge Rev.I.Affairs S.205, 206; KOSKENNIEMI, *Global Governance and Public International Law,* 37 Kritische Justiz S.241, 252; KOSKENNIEMI, *A Response,* 7 German L.J. S.1103, 1104.

[99] KOSKENNIEMI, *The Fate of Public International Law: Between Technique and Politics,* 70(1) Modern L.Rev. S.1, 8.

[100] KOSKENNIEMI, *Hierarchy in International Law: A Sketch,* S.8 E.J.I.L. S.566, 574.

Zweitens wollten die Staaten durch die Zustimmung zu bestimmten Rechtssätzen, die ihnen gegenwärtig für sie günstig erschienen, nicht ihre eigenen zukünftig möglichen Interessen einschränken, was dazu führe, dass sich Staaten nur darauf einigen könnten, *„to leave such determination for decision as the situation arises"*.[101]

Auch für Kennedy resultiert aus der Widersprüchlichkeit der liberalen Völkerrechtstheorie notwendigerweise die Reversibilität jedweder völkerrechtlichen Argumentation. Da die völkerrechtliche Argumentationsstruktur sich auf jeder Ebene zwischen zwei Dichotomien bewege, die einander ausschließen, aber gleichzeitig gegenseitig bedingen würden, und diese Gegensatzpaare auf den verschiedenen Ebenen des völkerrechtlichen Diskurses miteinander verwoben seien, würde sich jedes Argument ständig in sein Gegenteil transformieren.[102]

IV. Die Selbstwertfestsetzung des Völkerrechts

Die Analyse der Vertreter des *New Stream* ergibt, dass die konsensgestützte Völkerrechtsdogmatik in sich widersprüchlich sei, die Kategorien von Sein und Sollen nur unzureichend auseinanderhalten könne, keine hinreichenden Möglichkeiten zur Abstraktion entwickelt habe und ein hohes Maß an Reversibilität aufweise. Diese Kritikpunkte erklären für sich genommen jedoch noch nicht, warum sich Staaten in der Realität um die Erfüllung völkerrechtlicher Normen bemühen.

David Kennedy stellt die Überlegung an, dass Staaten sich über die Unbestimmtheit des Völkerrechts im Klaren sein und deshalb den völkerrechtlichen Diskurs als

"a conversation without content"

ansehen könnten.[103] Souveräne würden deshalb Lippen-Bekenntnisse zum Völkerrecht abgeben, weil es schlicht in ihrem Interesse läge, sich am völkerrechtlichen Diskurs zu beteiligen.

---

[101] KOSKENNIEMI, *The Fate of Public International Law: Between Technique and Politics*, 70(1) Modern L.Rev. S.1, 10.

[102] KENNEDY, *Theses about International Law Discourse*, 23 Germ.Y.I.L. S. 353, 364-365.

[103] KENNEDY, *Theses about International Law Discourse,* 23 Germ.Y.B.I.L S.353, 376.

Eine mögliche Erklärung für die Befolgung völkerrechtlicher Regeln durch die souveränen Staaten ist, dass die internationalen Akteure dem Völkerrecht eine gewisse Legitimität zusprechen. Das in den Gesellschaftstheorien im Europa des 20. Jahrhunderts wurzelnde Legitimitätskonzept besagt, dass in einer Welt ohne äußerlichen Druck oder Zwang die Einhaltung bestimmter Regeln durch den internen psychologischen Druck der Souveräne gesichert wird.[104] Kennedy, Franck und Onuf stellen in diesem Zusammenhang anthropologische Strukturuntersuchungen an und versuchen, die kulturelle Tiefenstruktur aufzureißen und in kleinere Muster und Strukturen zu zerlegen. Sie kommen so zu dem Ergebnis, dass das Völkerrecht kulturell mystifiziert sei: Die mystische Struktur der internationalen Kultur erlaube es den Staaten, das Völkerrecht als existent zu betrachten, ohne diese Existenz jedoch rational begründen zu müssen. Selbstwertfestsetzung entsteht durch die Manipulation kultureller Sprache, Symbole und Geschichte, durch welche bestimmte Regeln an Legitimität gewinnen und so psychologische Verpflichtungen für Staaten erwachsen lassen können.[105]

Purvis hingegen spricht von der Selbstwertfestsetzung des Völkerrechts durch ideologische Mystifizierung: Der Liberalismus stelle das, was in Wirklichkeit politische Wahlmöglichkeit sei, entweder als unzweifelhaft „natürliches" Recht oder als logischen Zwang dar und verschleiere auf diese Weise die internationale Ordnung, die er selbst geschaffen habe.[106]

V. Die völkerrechtlichen Visionen des New Stream

Von den vier Kritikpunkten der kritischen Schule und der dekonstruktivistischen Lehre ausgehend stellt sich die Frage nach einer hieraus resultierenden Vision des Völkerrechts.

1. Das Völkerrecht als Mittel zur politischen Verändeung

Die Vision der Vertreter des *New Stream* vom idealen Zustand des internationalen öffentlichen Rechts basiert auf ihrer ethischen Überzeugung, dass sich der völkerrechtliche

---

[104] PURVIS, *Critical Legal Studies in Public International Law*, 32 Harv.I.L.J. S.81, 111; FRANCK, *Legitimacy in the International System*, 82 A.J.I.L. S.705, 706.

[105] KENNEDY, *Critical Theory, Structuralism and Contemporary Legal Scholarship*, 21 New Eng.L.Rev. S.209, 256; ONUF, *Global Law-Making and Legal Thought*, in ONUF, *Law-Making in the Global Community*, S.57-66; FRANCK, *Legitimacy in the International System*, 82 A.J.I.L. 705, 725-735.

[106] PURVIS, *Critical Legal Studies in Public International Law*, 32 Harv.I.L.J. S.81, 113.

Diskurs auf Armut, Totalitarismus, Rassismus, Sexismus, Seuchen, Hunger und soziale Ungerechtigkeit konzentrieren sollte.[107] Dabei sehen sie den internationalen Diskurs als Werkzeug zur politischen Veränderung.[108]

Eine radikalere Vision des Völkerrechts zeichnet Gabel, der dem „völkerrechtlichen Rechtsstaatsgrundsatz", der *rule of law,* ihre Existenzberechtigung in Gänze abspricht und stattdessen einen – die zwanglose Entstehung von Konsens ermöglichenden – ethischen Status anstrebt, der auf nicht-liberalen Werten begründet sein und das normative Bewusstsein dergestalt verändern soll, dass die fundamentalen Widersprüche der menschlichen Existenz ausgeräumt werden können.[109]

Moderater ist die Ansicht von Klare und Horwitz, welche die *rule of law* nicht gänzlich aufgeben, sondern lediglich generalüberholen wollen. Ihre Vision beinhaltet ein von Humanität geprägtes Eigenverständnis der Völkerrechtswissenschaft sowie die Schaffung einer Reihe neuer Institutionen und Praktiken, welche soziale Entfremdung und Vorherrschaft vermeiden sollen. Der Rechtsformalismus soll ersetzt werden durch das Bekenntnis zur informellen Rechtmäßigkeit, welche soziale Probleme durch offenen politischen Diskurs lösen können soll.[110]

Auch Koskenniemi betont die Notwendigkeit, sich direkt Überlegungen über materielle Gerechtigkeit zuzuwenden. Da die Visionen der Wissenschaftler des *New Stream* jedoch begriffsnotwendig die gleichen Defizite aufweisen müssen wie jene Rechtstheorien, die sie selbst kritisieren, gesteht Koskenniemi ein:

„[T]he critical lawyer must accept the reality of conflict."[111]

---

[107] KENNEDY, *The Dark Sides of Virtue: Reassessing International Humanitarianism,* S.xiv; BOYLE, *Ideals and Things: International Legal Scholarship and the Prison House of Language,* 26 Harv.I.L.J. S.327, 352-359; KOSKENNIEMI, *From Apology to Utopia: The Structure of International Legal Argument,* S.546-556.

[108] BOYLE, *Ideals and Things: International Legal Scholarship and the Prison House of Language,* 26 Harv.I.L.J. S.327, 352-359; SATHIRATHAI, *An Understanding of the Relationship Between International Legal Discourse and Third World Countries,* 25 Harv.I,L.J. S.395, 415-419.

[109] GABEL, *Reification in Legal Reasoning,* 3 Res.L.& Soc. S.25.

[110] KLARE, *Law-Making as Praxis,* 40 TELOS S.123, 134-135; HORWITZ, *Book Review, The Rule of Law: An Unqualified Human Good?,* 86 Yale L.J. S.561, 566.

[111] KOSKENNIEMI, *From Apology to Utopia: The Structure of International Legal Argument,* S. 544.

Das bedeutet, dass der völkerrechtliche Diskurs notwendigerweise politische und normative Fragen beinhaltet, die nicht zur vollsten Zufriedenheit des New Stream beantwortet werden können. Daher sieht Koskenniemi den völkerrechtlichen Diskurs als

"a practice of attempting to reach the most acceptable solution, a   *conversation about what to do, here and now."*[112]

Koskenniemi will durch seine Kritik also vor allem die völkerrechtliche Debatte erweitern und eine offene Diskussion über alternative materiell-rechtliche Begründungen des internationalen Geschehens anregen, durch welche Juristen ihren Beitrag zu einer gerechteren Welt leisten können.[113] *„If "deconstruction" is able to bring out the dark side,"* so Koskenniemi, *„(...) it may provide a means for critical identification and practice."*[114] Er nimmt die praktizierenden Völkerrechtler in die Verantwortung, indem er sie zu den wahren Rechtsschöpfern des Völkerrechts erhebt:

"International law is what international lawyers make of it."[115]

So müsse sich jeder Rechtsanwender sein eigenes Völkerrecht auswählen: Völkerrechtspraktiker seien gezwungen *„to vindicate a particular understanding, a particular bias or preference over contrasting biases and preferences. The choice is not between law and politics, but between one politics of law, and another."*[116]

Auch Kennedy meint, dass die kritische Analyse der Struktur des Völkerrechts dazu geeignet sei, *„to develop the language and tools with which practitioners could confront the basic dilemma of international social life."*[117]

---

[112] KOSKENNIEMI, *From Apology to Utopia: The Structure of International Legal Argument*, S. 544.

[113] KOSKENNIEMI, *From Apology to Utopia: The Structure of International Legal Argument*, S.544.

[114] KOSKENNIEMI, *Letter to the Editors of the Symposium*, 93 A.J.I.L. S.351, 361.

[115] KOSKENNIEMI, *From Apology to Utopia: The Structure of International Legal Argument*, S. 615.

[116] KOSKENNIEMI, *International Law in Europe: Between Tradition and Renewal*, 16 E.J.I.L. S.113, 123.

[117] KENNEDY, *Theses about International Law Discourse*, 23 Germ.Y.B.I.L S.353, 391.

Ähnlich geht Carty vor, wenn er nicht nur vor der Pseudo-Objektivität des Völkerrechts warnt, sondern in diesem Zusammenhang auch die Bedeutung der Rechtsanwender betont: Völkerrechtliche Normen entstünden, indem „international lawyers become international law and then revert to being international lawyers."[118] Carty analysiert die traditionellen Völkerrechtslehren zum Gewohnheitsrecht, kritisiert deren Unterscheidung zwischen objektiven und subjektiven Kriterien und schließt hieraus: "International law is nothing more than the way that those who call themselves international lawyers look at international relations."[119] Die Anwender des Völkerrechts tragen laut Carty also die moralische Verantwortung für die Resultate, welche sie durch ihr Wirken produzieren, da sie eben kein objektives Recht auf konkrete Sachverhalte anwenden, sondern jede Wahrheit nur in den Augen des Betrachters besteht.

Erst in den letzten Jahren wurde Koskenniemi zum Verfechter einer völkerrechtlichen Kultur des Formalismus, die machtresistent sein solle und ein System politisch neutraler Verantwortlichkeit, Offenheit und Gleichheit der Staaten darstellen könne:[120] „It is international law's formalism that brings political antagonists together as they invoke contrasting instrumental understandings of its rules and institutions."[121] Völkerrechtliche Probleme sollen mit Hilfe von generellen, universell geltenden Normen analysiert werden, selbst wenn die hinter den angewendeten Normen stehenden Ideale so niemals vollständig realisiert werden können.[122] Dabei sieht Koskenniemi gerade in der Möglichkeit einer Erkennung und Benennung der Defizite einer solchen Analyse die Stärke einer Kultur des Formalismus.[123]

---

[118] CARTY, The Decay of International Law? A Reappraisal of the Limits of Legal Imagination in International Affairs, S.128-129.

[119] CARTY, The Decay of International Law? A Reappraisal of the Limits of Legal Imagination in International Affairs, S.20-21.

[120] KOSKENNIEMI, The Gentle Civilizer of Nations: The Rise and Fall of International Law 1870-1960, S.500.

[121] KOSKENNIEMI, What is International Law for?, in EVANS (Hrsg.), International Law, S.89, 110.

[122] BILDER/SIMPSON, Koskenniemi, Martti. The Gentle Civilizer of Nations: The Rise and Fall of International Law 1870-1960 (Book Review), 96 A.J.I.L. S.995, 1000.

[123] KOSKENNIEMI, The Gentle Civilizer of Nations: The Rise and Fall of International Law 1870-1960, S.506.

2. Rekonstruktionsversuche

Anders als die frühen modernen Völkerrechtswissenschaftler, die zwar Objektivität ablehnten, dabei aber nicht akzeptieren wollten, dass dann auch ihren eigenen Theorien nur Produkte einer subjektiven Epistemologie sein konnten, haben Teile des *New Stream* wie Koskenniemi und Carty die logische Schlussfolgerung aus ihren Erkenntnissen gezogen und so den Postmodernismus begründet:[124]

> "*[T]here is just no ultimate ground for the testing of propositions which we feel could be plausible candidates for 'truth' that could be fitted within any of the suggested models of knowledge.*"[125]

Die Ablehnung jeglicher Form von Objektivität führt zu der Problematik, dass die Völkerrechtstheorie des New Stream nihilistisch erscheint. Dies mag konsequent sein und führt auch nicht zwangsläufig zur Hinfälligkeit ihrer Kritik,[126] jedoch scheint das Bild eines zur destruktiven Anarchie verdammten Völkerrechts viele Anhänger des postmodernen *New Stream* nicht zu befriedigen.

Zwar haben manche Vertreter der kritischen Schule, wie beispielsweise Kennedy, die Grenzen ihrer eigenen Epistemologie akzeptiert und utopische Spekulationen komplett unterlassen, um eine Wiederholung der Fehler der frühen modernen Völkerrechtswissenschaft zu vermeiden.[127] Trotzdem versuchen sie, wenn auch auf unterschiedlichen Wegen, das Überleben ihrer Disziplin zu sichern.

Einige Vertreter des Dekonstruktivismus, unter ihnen Koskenniemi, Carty und Boyle, unterscheiden deshalb zwischen objektiver Rationalität, deren Existenz sie bestreiten, und „*critical knowledge*",[128] einer Art kontextbezogener Erkenntnis, welche sie – im Gegensatz

---

[124] KOSKENNIEMI, *From Apology to Utopia: The Structure of International Legal Argument*, S.517; CARTY, The Decay of International Law? A Reappraisal of the Limits of Legal Imagination in International Affairs, S.129.

[125] KOSKENNIEMI, *From Apology to Utopia: The Structure of International Legal Argument*, S.517.

[126] KOSKENNIEMI, *From Apology to Utopia: The Structure of International Legal Argument*, S.535.

[127] KENNEDY, *Critical Theory, Structuralism and Contemporary Legal Scholarship*, 21 New Eng.L.Rev. S.209, 278-279.

[128] KOSKENNIEMI, *From Apology to Utopia: The Structure of International Legal Argument*, S.536-548.

zum Nihilismus – gelten lassen. Boyle sieht in der Erkenntnis selbst eine Kraft, welche Fortschritt, moralische Autonomie und „das Gute" ermöglichen kann.[129] Um seine Vision von einer gerechteren Weltordnung zu verwirklichen, fordert Carty von der Völkerrechtswissenschaft

> *"to reconstruct conflict situations in accordance with basic principles of possible understanding, a theory of knowledge based on the development of argument, rather than the search for objectivity or experience as such."*[130]

Ein anderer Ansatzpunkt ist, das Völkerrecht in einer Weise zu rekonstruieren, die den Erkenntnissen des New Stream Rechnung trägt, aber auch die Möglichkeit bieten soll, die Grenzen der kritischen Epistemologie zu umgehen, indem man sich der existenzialistischen Philosophie zuwendet. So sollen empirische Erkenntnisse bestimmte Verhaltensmuster des internationalen Lebens begründen können, ohne dabei den Anspruch zu erheben, eine objektive Wahrheit wiederzugeben.[131]

Part IV   Die Kritik am *New Stream*

Heute, etwa zwanzig Jahre nach der Erstveröffentlichung von *From Apology to Utopia* und dem Erscheinen von *The Politics of Interntional Law* im *European Journal of International Law*[132], gesteht Koskenniemi ein, dass seine Annahme,

> „*that the demonstration of the contradictory and inconsequential nature of legal argument, the way everything about the law deferred to contested ('political') assumptions, about the world would make the scales fall from the eyes of the professionals; that it would compel a process of self-examination that would transform the preferences of international institutions in support of 'progressive' causes"*,

---

[129] BOYLE, *Ideals and Things: International Legal Scholarship and the Prison House of Language*, 26 Harv.I.L.J. S.327, 350.

[130] CARTY, *The Decay of International Law? A Reappraisal of the Limits of Legal Imagination in International Affairs*, S.114.

[131] KENNEDY, *Book Review, Apology to Utopia*, 31 Harv.I.L.J. S.385, 390-391;GABEL, *Intention and Structure in Contractual Conditions: Outline of a Method for Critical Legal Theory*, 61 Minn.L.Rev. S.601, 642-643; KOSKENNIEMI, *From Apology to Utopia: The Structure of International Legal Argument*, S.548-561.

[132] KOSKENNIEMI, *The Politics of International Law*, 1 E.J.I.L. S.1.

durchaus naiv gewesen sein mag.[133] Er fasst die Argumente seiner Kritiker folgendermaßen zusammen:

> "'[O]f course we know that it is not that simple. Of course more is at work out there.' (...) 'We deal with serious problems of peace and war, governance, and distribution. And you are worried about coherence. As if that were somehow progressive! And if coherence and determinacy are never to be attained anyway, why would your incoherence be any better than ours?'"[134]

Den Vertretern des *New Stream* wurde entgegengehalten, ihre Erkenntnisse seien nicht neu – da man sich doch insgeheim über die Probleme der völkerrechtlichen Logik längst im Klaren sei – und sie würden verkennen, dass es sich beim Völkerrecht eben nicht um eine intellektuelle Disziplin handele, die logischen Problemen allzu viel Bedeutung zumisst.[135]

I. Das Fundament des *New Stream*

Fastenrath hält schon Koskenniemis „Grundlegung des Völkerrechts in einer liberalen Theorie mit souveräner Freiheit und Gleichheit selbst [für] utopisch."[136] An Kennedys *International Legal Structures* wurde insbesondere kritisiert, dass er seine Studie des Völkerrechts unter nahezu völliger Ausblendung des praktischen, kulturellen und historischen Kontextes des internationalen öffentlichen Rechts vornimmt. *„The rhetoric Kennedy studies"*, so Landauer, *„– fascinating in its complexity and absorbing in its drama – is ultimately quite abstract. (...) [T]he interior of legal rhetoric should not be separated from its own development".*[137] Ähnliche Vorwürfe richtet Scobbie an Koskenniemi, wenn er ironisch feststellt: *"Legal systems do not drop ready-made from the skies."*[138]

---

[133] KOSKENNIEMI, *The Politics of International Law – 20 Years Later*, 20 E.J.I.L. S.7, 8.

[134] KOSKENNIEMI, *The Politics of International Law – 20 Years Later*, 20 E.J.I.L. S.7, 8.

[135] Vgl. LOWE, *Book Review: From Apology to Utopia*, 17 Journal of Law and Society S.384, 388; SCOBBIE, *"Towards the Elimination of International Law: Some Radical Scepticism about Sceptical Radicalism in International Law"*, LXI B.Y.I.L. S.339, 346.

[136] FASTENRATH, *Book Review: From Apology to Utopia*, 31 Arch.V.R. S.182, 184.

[137] LANDAUER, *Book Reviews: International Legal Structures. By David Kennedy*, 30 Harv.I.L.J. S.287, 290.

[138] SCOBBIE, *"Towards the Elimination of International Law: Some Radical Scepticism about Sceptical*

II. Die Sprache des Völkerrechts

Von Paulus und Beckett wurde die Kritik geäußert, Koskenniemis *From Apology to Utopia* übertreibe es mit der Rüge an der Mehrdeutigkeit der von ihm ausgemachten „völkerrechtlichen Sprache"; Beckett hält Koskenniemis Argumentation hier für *„ultimately unfair."*[139] Tatsächlich sei die Bedeutung der Begriffe im Völkerrecht deutlich solider als Koskenniemi behaupte und auch würden sich daraus sehr viel berechenbarere Verhaltensmuster ergeben. In den Kernbedeutungs-bereichen dieser Sprache seien sich die Völkerrechtler durchaus einig, was für eine solide Rechtsausübung genüge.[140] Die Tatsache, dass das Völkerrecht zur Durchsetzung politischer Interessen genutzt werden kann, mache daraus noch keine Politik; diesen Missbrauch gerade als solchen zu erkennen, zeige im Gegenteil die politische Unabhängigkeit des Völkerrechts auf.[141] Für Orford ist die Sprache des Völkerrechts für sich genommen bestimmt; ihre Unbestimmtheit ergebe sich erst aus dem teils missbräuchlichen Sprachgebrauch durch ihre Anwender.[142] Scobbie hält Koskenniemi vor, die Unbestimmtheit von Sprache zu postulieren, sich zum Beweis dessen aber eben dieser Sprache zu bedienen.[143]

III. Die Bedeutung des Konflikts

Von anderer Seite wurde vorgebracht, dass Koskenniemis Konzentration auf gegensätzliche Handlungsweisen die Rolle des Konflikts im Völkerrecht überbetone. Bederman geht davon aus, dass eine andere Schwerpunktsetzung Koskenniemis, zum Beispiel eine stärkere

---

Radicalism in International Law", LXI B.Y.I.L. S.339, 350.

[139] BECKETT, *„Behind Relative Normativity: Rules and Process as Prerequisites of Law"*, 12 E.J.I.L. S. 627, 644.

[140] PAULUS, *Die internationale Gemeinschaft im Völkerrecht. Eine Untersuchung zur Entwicklung des Völkerrechts im Zeitalter der Globalisierung*, S.211-217; BECKETT, *„Behind Relative Normativity: Rules and Process as Prerequisites of Law"*, 12 E.J.I.L. S.627, 643-647; SIMMA/PAULUS, *The Responsibility of Individuals for Human Rights Abuses in International Conflicts: A Positivist View*, 93 A.J.I.L. S.303, 306; WEILER/PAULUS, *The Structure of Change in International Law or Is there a Hiearchy of Norms in International Law?*, 8 E.J.I.L. S.545, 55-554..

[141] BECKETT, *„Behind Relative Normativity: Rules and Process as Prerequisites of Law"*, 12 E.J.I.L. S.627, 644.

[142] ORFORD, *A Journal of the Voyage from Apology to Utopia*, 7 German L.J. S.993, 1005.

[143] SCOBBIE, *"Towards the Elimination of International Law: Some Radical Scepticism about Sceptical Radicalism in International Law"*, LXI B.Y.I.L. S.339, 348.

Betonung der Entstehung völkerrechtlicher Normen, zum „*movement towards consensus as the governing principle of international law*" geführt hätte.[144] Die ehemalige Richterin des Internationalen Gerichtshofes Higgins hält Koskenniemis Abhandlungen für zu abstrakt und theoretisch; er stütze sich auf eine „*derivational logic to construct these seemingly awesome problems*".[145] Koskenniemis Irrtum läge in seiner Schwarz-Weiß-Malerei: Im modernen Völkerrecht werde nicht mehr in Extremen wie Naturalismus oder Positivismus argumentiert; vielmehr habe man sich heute in der Mitte getroffen.[146] Koskenniemi verurteile das Völkerrecht also nur deshalb als zu unbestimmt, da er zu hohe Ansprüche an dessen Bestimmtheit richte. „*The harshness of the conclusion*", so von Bernstroff, „*is thus hidden in its premises.*"[147] In der pragmatischen Rhetorik des Völkerrechts sei Unbestimmtheit aber nicht mehr als die natürliche Voraussetzung jeder rechtlichen Argumentation.[148] Mehr noch könne die Kritik des New Stream gerade denjenigen zuspielen, „*who are in power and want to eliminate any structure that can limit their freedom of action.*"[149]

IV. Die praktische Relevanz

Pragmatisch erscheint Lowes Einwand gegen die Kritik des *New Stream*: „*Practical lawyers do not consider that they need theory. They may not know why the law works (...). But they know that it does work.*"[150] Die Kritik des *New Stream* an der Unbestimmtheit und Voreingenommenheit des Völkerrechts erscheint deshalb schwach, weil nichts von ihr abzuhängen scheint, „*[f]or, as I have later realized, international law is not a theoretical*

---

[144] BEDERMAN, *Book Review: From Apology to Utopia*, 23 New York Journal of International Law and Politics S.225.

[145] HIGGINS, *Problems and Process. International Law and How We Use It*, S.15.

[146] PAULUS, *Die internationale Gemeinschaft im Völkerrecht. Eine Untersuchung zur Entwicklung des Völkerrechts im Zeitalter der Globalisierung*, S.215; KORHONEN, *New International Law: Silence, Defende or Deliverance?*, 7 E.J.I.L. S.1, 3.

[147] VON BERNSTORFF, *Sisyphus was an International Lawyer. On Martti Koskenniemi's "From Apology to Utopia" and the Place of Law in International Politics*, 7 German L.J. S.1015, 1023.

[148] KRATOCHWIL, *"How do Norms Matter?"*, in BYERS (ed.), *The Role of Law in International Politics. Essays in International Relations and International Law*, S.43-51.

[149] VON BERNSDROFF, *Sisyphus was an International Lawyer. On Martti Koskenniemi's "From Apology to Utopia" and the Place of Law in International Politics*, 7 German L.J. S.1015, 1034-1035.

[150] LOWE, *Book Review: From Apology to Utopia*, 17 Journal of Law and Society S.384.

discipline", wie Koskenniemi im Epilog zur Neuauflage von *From Apology to Utopia* 2005 selbst eingesteht.[151] Kritik an den die Autorität des Völkerrechts betreffenden Theorien zu üben sei hinfällig, wenn sich die Praktiker des Völkerrechts für diese Theorein überhaupt nicht interessierten. Von Bernstroff hält für fraglich, ob Praktiker des Völkerrechts wirklich ein so kritisches Bewusstsein brauchen, wie Koskenniemi es fordert: *„Lawyers without specific legal identity cannot keep up a distinct legal discourse defending the concept and potential value of international legal validity."*[152] Auch die Erkenntnis Koskenniemis über die politische Natur des Völkerrechts provoziert die Frage *„[a]ll right, so all this involves a choice; but what is wrong with that?"*[153] und die hiermit verbundene Einsicht *„[a] demonstration that 'it all depends on politics' does not move one inch towards a better politics."*[154]

V. Das Fehlen alternativer Erklärungsansätze und Visionen

Massiv kritisiert wurde auch, dass der *New Stream* bei der Erschaffung schlüssiger eigener Visionen des Völkerrechts weitestgehend versagt habe.[155] Purvis sieht hierin *„the most disappointing aspect of New Stream literature"*.[156] Koskenniemi wurde vorgeworfen, er sei *„fundamentally acritical"*[157] und *From Apology to Utopia* sei *„rather vague in its normative visions of the international community"*.[158] Manchem erscheint das Ergebnis der Analyse des *New Stream* nihilistisch,[159] was angesichts der dem Völkerrecht weitläufig zugemessenen

---

[151] KOSKENNIEMI, *From Apology to Utopia: The Structure of International Legal Argument*, S.600.

[152] VON BERNSTORFF, *Sisyphus was an International Lawyer. On Martti Koskenniemi's "From Apology to Utopia" and the Place of Law in International Politics*, 7 German L.J. S.1015, 1024, 1026.

[153] KOSKENNIEMI, *From Apology to Utopia: The Structure of International Legal Argument*, S.601; vgl. MIÉVILLE, *The Commodity-Form Theory of International Law: An Interoduction*, 17 LJIL S.271, 272-275.

[154] KOSKENNIEMI, *The Politics of International Law – 20 Years Later*, 20 E.J.I.L. S.7, 8.

[155] BOGDANDY/DELLAVALLE, *Universalism and Particularism as Paradigms of International Law*, IILJ Working Paper 2008/3 S.59.

[156] PURVIS, *Critical Legal Studies in Public International Law*, 32 Harv.I.L.J. S.81, 116.

[157] SCOBBIE, *"Towards the Elimination of International Law: Some Radical Scepticism about Sceptical Radicalism in International Law"*, LXI B.Y.I.L. S.339, 352.

[158] CHARLESWORTH/CHINKIN, *The Boundaries of International Law. A Feminist Analysis*, S.35.

[159] PAULUS, *Die internationale Gemeinschaft im Völkerrecht. Eine Untersuchung zur Entwicklung des Völkerrechts im Zeitalter der Globalisierung*, S.217.

31

Bedeutung etwa in Fragen der Konfliktlösung durchaus als Kritik zu werten ist. Viele Autoren betonen Koskenniemis mangelnde Stringenz, da er in *From Apology to Utopia* sieben Kapitel lang das Völkerrecht dekonstruiere und im letzten, achten Kapitel schließlich doch die Waffen vor dem Liberalismus strecke.[160] Vor allem sei fraglich, warum angesichts der durch den *New Stream* proklamierten Unbestimmtheit und Subjektivität der Völkerrechtstheorie die Vertreter gerade dieser Schule vor solcher Kritik gefeit sein sollen.[161]

Part V   Fazit

Beschäftigt man sich mit den Schriften der Vertreter des völkerrechtlichen *New Stream*, so findet man sich alsbald – gleich den Vertretern dieser völkerrechtstheoretischen Strömung – zwischen zwei Extremen hin- und her gerissen: Denn so provokant die kritischen Thesen von Kennedy, Koskenniemi und Co. sein mögen, so marginal erscheinen sie häufig auch. Die Erkenntnis etwa, dass sich die alte Debatte um den Geltungsgrund des Völkerrechts immer wieder um den Angelpunkt zwischen Naturalismus und Positivismus dreht und kein Ergebnis jeden Kritiker vollständig zufrieden zu stellen vermag, lässt einen eher mit den Schultern zucken als in großen Jubel über diese Einsicht verfallen. Die aus dieser Grunddichotomie erwachsenden anderen Gegensatzpaare, die nach Ansicht des *New Stream* die völkerrechtliche Argumentationsstruktur eingrenzen, werfen zwei Fragestellungen auf: Erstens ist häufig nicht ersichtlich, wieso gerade die gewählten Begriffspaare einander ausschließende Gegensätze darstellen sollen: Warum etwa wählt Koskenniemi das Gegensatzpaar Gerechtigkeit/Weltordnung?[162] Kann das Gegenteil von Gerechtigkeit nicht auch Ungerechtigkeit heißen und das von Weltordnung Anarchie? Bedeutet dies, dass Weltordnung automatisch ungerecht sein muss und Anarchie begriffsnotwendig gerecht ist? Zweitens resultiert aus der teils willkürlich erscheinenden Konstruktion solcher

---

[160] FASTENRATH, *Book Review: From Apology to Utopia*, 31 Arch.V.R. S.182, 184; CARTY, *Liberalism's 'Dangerous Supplements': Medieval Ghosts of International Law"*, 13 Michigan Journal of International Law, S.161, 171; BEDERMAN, *Book Review: From Apology to Utopia*, 23 New York Journal of International Law and Politics S.225; KORHONEN, *New International Law: Silence, Defende or Deliverance?*, 7 E.J.I.L. S. 1, 18.

[161] SCOBBIE, *"Towards the Elimination of International Law: Some Radical Scepticism about Sceptical Radicalism in International Law"*, LXI B.Y.I.L. S.339, 346; BECKETT, *„Behind Relative Normativity: Rules and Process as Prerequisites of Law"*, 12 E.J.I.L. S.627, 644; RAJAGOPAL, *Martti Koskenniemi's From Apology to Utopia: A Reflection*, 7 German L.J. S.1089, 1092.

[162] KOSKENNIEMI, *The Police in the Temple – Order, Justice and the UN: A Dialectical View*, 6 E.J.I.L. S.325, 328.

Pseudodichotomien der Umstand, dass diese Gegensätze nicht nur keine ebensolchen sein können, sondern zwingend manchmal zusammenfallen müssen. Man nehme das Begriffspaar Zweck/Konsens, [163] wobei Zweck hier als höheres Ziel, als Ideal zu verstehen ist. Natürlich wird die Übereinkunft der Staaten immer wieder Ergebnisse hervorrufen, die vom moralischen Idealzustand divergieren, sei es, da mächtigere Staaten ihre Einflussmöglichkeiten sichern wollen, sei es aus rein praktischen Erwägungen oder deshalb, weil über die Frage, was das Ziel ist, keine Einigkeit besteht. Nach dem Gesetz des Zufalls aber muss der Staatenkonsens zumindest ab und zu Resultate erzeugen, welche höheren Zielen zu dienen fähig sind. Als Beispiel ist etwa das Genozidverbot zu nennen, welches durch die gemeinsame Überzeugung der Staaten von der moralischen Notwendigkeit dieser Norm zu *jus cogens* erwachsen ist.

So fraglich dieses Konstrukt des *New Stream* sein mag, so interessant erscheint seine These, jede völkerrechtliche Argumentation sei reversibel und das Ergebnis im Konfliktfall sei allein das Resultat einer Parteilichkeit des Völkerrechts. Dabei teilt die Verfasserin die am *New Stream* geäußerte Kritik, die Beanstandung an der Tendenziösität des Völkerrechts und das gleichzeitige Bekenntnis zu eigenen Wertevorstellungen seien inkonsequent, so nicht: Möchte man nämlich der These des *New Stream*, es gäbe keine Objektivität, Glauben schenken, so drängt sich die Frage auf, ob dann nicht erst die visionären Vorstellungen der Vertreter des *New Stream*, sondern bereits ihre Kritik selbst subjektiv sein muss. Denn die Logik, welche der völkerrechtlichen Analyse der kritischen Schule zu Grunde liegt, kann für sich genauso wenig Objektivität beanspruchen wie jede andere völkerrechtstheoretische Betrachtung. Wäre aber die logische begründete Leugnung jeglicher Objektivität selbst subjektiv, so würde dies bedeuten, dass die Existenz von Objektivität eben doch möglich ist. Diese Erkenntnis führt die Analyse des *New Stream* zwar einerseits *ad absurdum.* Andererseits ermöglicht gerade diese letzte, logisch zwingende Konsequenz der Völkerrechtsanalyse des *New Stream* die Entwicklung eigener Visionen vom – dann möglicherweise sogar objektiven – Idealzustand des Völkerrechts. Wenn das Völkerrecht parteiisch ist, darf dies nicht die Abkehr vom völkerrechtlichen Diskurs bedeuten, sondern muss dazu führen, dass Völkerrechtler selbst Partei ergreifen: „*The question*", so

---

[163] KOSKENNIEMI, *From Apology to Utopia: The Structure of International Legal Argument*, S.69.

Koskenniemi, *„ is never whether or not to go by law but by which law and whose law. "*[164]

Fest steht: Auch wenn wir den Grund für die Geltung des Völkerrechts nicht finden können, so gilt es doch. So abstrakt, theoretisch, schwer verständlich und hoffnungslos überspitzt die Argumentation der Vertreter des *New Stream* auch häufig erscheinen mag; wenn die Völkerrechtstheorie die Rechtsinterpretation und die Beantwortung strittiger Fragen tatsächlich beeinflussen kann,[165] verdient ihr Appell für mehr Verantwortlichkeit im Völkerrecht Unterstützung. Mit den Worten von Martti Koskenniemi: *„ The conversation continues. "*[166]

---

[164] KOSKENNIEMI, *From Apology to Utopia: The Structure of International Legal Argument,* S.xiv.

[165] So PETERS, *Völkerrecht: Allgemeiner Teil,* S.19, Rn.49.

[166] KOSKENNIEMI, *From Apology to Utopia: The Structure of International Legal Argument,* S.xiv.

Lightning Source UK Ltd.
Milton Keynes UK
UKOW03f0614270417

300018UK00004B/261/P